英語×
「主体的・対話的で
深い学び」

― 中学校・高校 新学習指導要領対応 ―

編著者 **高橋 昌由**

大学教育出版

齋藤榮二先生に感謝の意を込めて

はじめに

　コロナの猛威の年に本書を世に問います。

そのようなときだからこそ、皆さんに問いかける意味があると思います。

　私たち教師は、

生徒たちに伝えたいことがあるからこそ教師をやっています。

成長を心から望むからこそ教師をやっています。

何事にも負けない強さを獲得してほしいからこそ教師をやっています。

しんどいことが多く、わずかな喜びに励まされるだけの教師生活かもしれません。それでも私たちは教師をやっています。

コロナと対峙してでも、聖職を全うしようと、教師をやっています。

　なぜ教師をやっているのでしょうか。この答えとして私たち皆が共有しているはずなのは、日本の教育のあり方として示された「主体的・対話的で深い学び」の達成でしょう。そうです。「主体的・対話的で深い学び」を達成しなければなりません。

　誰が達成するのでしょうか。

　もちろん生徒たちです。生徒たちが「主体的・対話的で深い学び」を達成するのです。

　生徒たちが「主体的・対話的で深い学び」をしている状況を実現しませんか。授業の基礎・基本をきっちりやることから始めることで、それが可能になります。この信念が大切だと思います。コロナで不透明な中にいるからこそ、教育の原点を大切にしたいものです。

　本書を体験していただくことで、「主体的・対話的で深い学び」を生徒が楽しんでいる授業を、皆さんに実現していただきたいと思っています。決して、私たち教師が、「主体的・対話的で深い学び」の授業をすることが目的ではありません。

　皆さんの前で、「主体的・対話的で深い学び」を生徒がしていて、その結果、生徒たちが力をさらに伸ばして、生徒たちが、日々、授業を、待ち遠しくして

いるように是非なって欲しいです。

　コロナの時代にこそ、学ぶことの喜びを、教師も生徒も、満喫したいものです。

　「主体的・対話的で深い学び」を生徒たちが楽しんでいる授業を具現化するために、本書には大きな秘訣が2つあります。

　1つは、本書は「主体的・対話的で深い学び」の強固な下支えを基に書かれています。それは、具体的には後述しますが、(1) 齋藤榮二先生の「授業の10の原則」、(2) 授業進行の基礎・基本、(3) CLILの考え方があります。さらにそれらが学習指導要領に即していて、その上に「主体的・対話的で深い学び」を生徒が達成するための、教師の指導・支援の7の原則があります。これらが授業を支えるという構図になっています。

　もう1つは執筆陣です。全英連（全国英語教育研究団体連合会）をご存知ですか。全国の小・中・高の教員の約6万人を会員とする英語教育研究団体で、年に一度、全国大会を開催しています。2004年度の大阪大会で公開授業を行い、分科会を担当した、故齋藤榮二先生率いるメンバーの有志、さらに現在の大阪府の英語教育をけん引している先生方が執筆陣です。

　日々の授業に役立つように、授業の基礎・基本をきっちりやることを通して、こうすれば「主体的・対話的で深い学び」を生徒が達成する！こうすることで先生方が日々の授業をより優れたものにきっとできる！を実現できることを期して、本書は書かれています。

　本書を読んでいただいて、納得していただいて、まずはそれに倣って授業づくりをしていただきたいと思います。

　2020年12月

　　　　　　　　　　　　　　　　　　　　　　　　　高橋昌由

英語×「主体的・対話的で深い学び」
── 中学校・高校 新学習指導要領対応 ──

目　次

IV Jump
「主体的・対話的で深い学び」の英語授業 発展編

 V 『総学』・『探究』的な
「主体的・対話的で深い学び」の英語授業

＊「主体的・対話的で深い学び」（例えば、文部科学省（2018、2019））は、様々な場面で、アクティブ・ラーニング、アクティブラーニング、Active Learning（略してAL）等と表現されている場合もあります。

I

こうすれば生徒たちは
「主体的・対話的で深い学び」に

本書を貫く基本的な考え方と思い

　本書は、生徒が「主体的・対話的で深い学び」を達成するために書かれました。執筆を担当した先生方は、百戦錬磨の先生方です。その先生方が、それぞれの担当ユニットを、思いを込めて書き上げました。そこには、全員が共有している思いがあります。ここでは、それを説明します。

1.「主体的・対話的で深い学び」のための授業構造

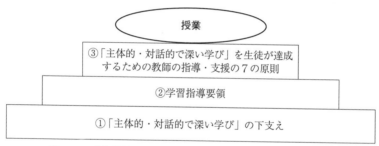

図Ⅰ-1　「主体的・対話的で深い学び」のための授業構造

　「主体的・対話的で深い学び」を生徒たちが達成するための授業構造は上の図となります。

　上の図では、①「主体的・対話的で深い学び」の下支えが最も下にあり、これで基礎を固めています。そのすぐ上には、②学習指導要領があります。これら①と②をしっかりふまえて、③「主体的・対話的で深い学び」を生徒が達成するための教師の指導・支援の７の原則があります。これら①、②、③の土台の上に授業実践があり、それぞれの授業実践が、①、②、③に支えられていることを示しています。①、②、③のそれぞれは、次に順に説明していきます。

2.「主体的・対話的で深い学び」の下支え

　左の図で最も下にある「主体的・対話的で深い学び」の下支えは、次の3つから成ります。

> ①　齋藤榮二先生の「授業の10の原則」
> ②　授業進行の基礎・基本
> ③　CLIL の考え方

(1) 齋藤榮二先生の「授業の10の原則」

　英語教育界に大きな足跡を残された齋藤榮二先生のたくさんの名著の中の『これだけは知っておきたい英語授業レベルアップの基礎』に示された授業の原則を参照しました (齋藤、1996)。四半世紀も前に、現在の英語授業の基礎・基本が端的にまとめられています。

　①　やさしいものをむずかしく教えるな
　②　学んだものを使わせよ
　③　英語についての説明はできるだけ避けよ
　④　生徒を動かせ
　⑤　ゲーム化を考えよ
　⑥　教師がやってみせよ
　⑦　絵を使え
　⑧　和訳をできるだけ避けよ
　⑨　生徒の相互活動を考えよ
　⑩　教師はできるだけ英語を使え

①～⑩を少し解説しておきます。それぞれ確認してください。
①　やさしいものをむずかしく教えるな…ついついやってしまいますね。生徒は大混乱です。
②　学んだものを使わせよ…使わないと使えるようにはなりませんね。
③　英語についての説明はできるだけ避けよ…英語博士養成講座ではないのですから。
④　生徒を動かせ…実際に体を動かすと頭に入るというのは理にかなってい

授業進行の基礎・基本

指導案と本時の進行
本時が、年間計画・学期計画・月間計画等とシラバスに位置づけられている。
本時の上記の計画と位置づけが生徒に周知されている。
周到に計画されて、進行（時間）が適切である。
余裕のある計画で、進行（内容）が適切である。
目標の提示が適切である。
授業進行の提示が適切である。
易から難に進んでいる。
Small steps で進んでいる。
協働的な活動の位置づけがある。
リデザイニングの位置づけがある。
Classroom policy（授業運営の指針）があり、提示されている。
Homework policy（宿題の取り組みの指針）があり、提示されている。
授業と授業外活動の連環がある。

環境
環境整備や整理整頓（教室等）ができている。
整理整頓（生徒のまわり）ができている。
黒板と教室の美化が適切である。
掲示物には不要なものがなく、整っている。

学習集団づくり
互いに認め合い、高めあうことができている。
授業ルールを設定して、提示している。
授業ルールが機能している。

生徒観察
適切な立ち位置で授業をしている。
生徒全体の観察ができている。
見ていないふりができている。
適切な机間指導・支援をしている。
つまずきの発見ができている。

生徒への声掛け・対応
つまずきへの対処ができている。
個へのフィードバックができている。
全体へのフィードバックができている。
個とのやり取りができている。
全体とのやり取りができている。
授業が活発になるように働きかけている。
授業が活発になっている。

声・発話
声の大きさが適切である。
声が明瞭である。
声の高低が適切である。
声色が適切である。
発話の間が適切である。
発話が簡潔である。

発問・質問
理解確認の質問が機能している。
思考・認識過程を経る発問が機能している。

板書・プロジェクター
文字等がていねいである。
文字等の大きさが適切である。
文字等の濃さ・太さが適切である。
文字等の色使いが適切である。
提示の計画・進行が適切である。
自己学習に活用できる工夫がある。
掲示物が適切である。
掲示の仕方が適切である。
適切な黒板への書き方をしている。

活動の場の構成
生徒の実態を考慮している。
めあてや見通しを意識させる時間がある。
交流する設定が適切である。
発表を引き出す仕掛けがある。
主体的に学ぶ仕掛けがある。
対話的に学ぶ仕掛けがある。
深く学ぶ仕掛けがある。

英語使用
教師は適切なプロソディで音声を発出している。
教師の適切な英語使用がある。
生徒の適切な英語使用の仕掛けがある。

教材・教具
副教材が効果的に活用されている。
効果的なワークシートなどが作成されている。
実物教材等の教具が適切に使用されている。
ICT 機器が効果的に使用されている。

個の学習の成立
個の学習の段階が設定されている。
個の学習の状況把握と適切な支援がある。
個の学習目標を達成させている。

ます。

⑤　ゲーム化を考えよ…ちょっとした遊び感覚で楽しく学べます。

⑥　教師がやってみせよ…教師がやっているのを見ると「あッ！そういうことか！」となります。

⑦　絵を使え…今はICTも含みます。ワケのわからぬ話をだらだら聞くより絵を見ると全解！

⑧　和訳をできるだけ避けよ…（不要な）日本語使用は避けるべきだというのは今も昔も同じ。

⑨　生徒の相互活動を考えよ…今でいう「対話的」や共同学習の勧めです。

⑩　教師はできるだけ英語を使え…「英語を使いましょう！」という教師が率先するのは当然。

（2）授業進行の基礎・基本

　本書では様々な授業展開を示しています。教師は授業では「演じ切る」ことが必要です。では、どのようにして演じ切るのでしょうか。そこには教師の隠れた技があります。それをまとめました。

　授業で学ぶのは生徒ですが、生徒にとって「主体的・対話的で深い学び」となるように、教師が授業を進める際に役立つ基礎・基本を一覧表にまとめました。必要なものばかりです。これからの授業を構築する際の視点として、あるいは、日頃の実践を見直すポイントとして活用ください。

（3）CLILの考え方

　CLILはContent and Language Integrated Learning（内容言語統合型学習）の略語で「クリル」と読みます（「リ」が強くなります）。内容（社会や理科などの教科または時事問題や異文化理解などのトピック）と言語（日本では主に英語）の両方を、柔軟に学ぶ方法です。多言語多文化状況のEUの統合の一環として、広がってきています。

　CLILの一番の特徴は「4つのC」で授業が組み立てられていることです。「4つのC」とは、Content（科目やトピック）、Communication（単語・文法・発

音などの言語知識や読む、書く、聞く、話すといった言語スキル）、Cognition（様々な思考力）、CommunityないしCulture（共同学習、異文化理解、地球市民意識）です。

次の10項目を指針に教材を準備して、指導します。

① 内容学習と語学学習の比重を等しくするなど内容に重きがあります。

② オーセンティック素材（新聞、雑誌、ウェブサイトなど）の使用を奨励する。

③ 文字だけでなく、音声、数字、視覚（図版や映像）による情報を与える。

④ 様々なレベルの思考力を活用する。その際、低次思考スキル（Lower Order Thinking Skills: LOTS）の暗記、理解、応用と高次思考スキル（Higher Order Thinking Skills: HOTS）の分析、評価、創造は、どちらも大切です。

⑤ タスクを多く与える。

⑥ 共同学習（ペアワークやグループ活動）を重視する。

⑦ 異文化理解や国際問題の要素を入れる。

⑧ 内容と言語の両面での足場（学習の手助け）を用意する。

⑨ 4技能・五領域をバランスよく統合して使う。

⑩ 学習スキルの指導を行う。

3. 学習指導要領

学習指導要領は教育課程編成の基準です。これを基に、授業は行われますし、教科書も書かれています。私たち教師は、学習指導要領を理解して、授業実践します。学習指導要領をふまえて、5つの領域の目標と言語活動をもとに授業をします。そして、授業実践という教師の指導は評価と一体化したものであると考えますので、当然評価を見据えた指導にもなってきます。

ここでは学習指導要領の中から、本書に関係する重要な項目を引用して、以下に示しました。表にまとめていますので端的に理解できます。是非とも読んでください。

(1)「外国語活動・外国語の目標」の学校段階別一覧表

外国語によるコミュニケーションにおける見方・考え方
外国語で表現し伝え合うため，外国語やその背景にある文化を，社会や世界，他者との関わりに着目して捉え，コミュニケーションを行う目的や場面，状況等に応じて，情報を整理しながら考えなどを形成し，再構築すること。

外国語科の目標	
中学校 外国語	高等学校 外国語
外国語によるコミュニケーションにおける見方・考え方を働かせ，外国語による聞くこと，読むこと，話すこと，書くことの言語活動を通して，簡単な情報や考えなどを理解したり表現したり伝え合ったりするコミュニケーションを図る資質・能力を次のとおり育成することを目指す。	外国語によるコミュニケーションにおける見方・考え方を働かせ，外国語による聞くこと，読むこと，話すこと，書くことの言語活動及びこれらを結び付けた統合的な言語活動を通して，情報や考えなどを的確に理解したり適切に表現したり伝え合ったりするコミュニケーションを図る資質・能力を次のとおり育成することを目指す。

	中学校 外国語	高等学校 外国語
（知識及び技能）	(1) 外国語の音声や語彙，表現，文法，言語の働きなどを理解するとともに，これらの知識を，聞くこと，読むこと，話すこと，書くことによる実際のコミュニケーションにおいて活用できる技能を身に付けるようにする。	(1) 外国語の音声や語彙，表現，文法，言語の働きなどの理解を深めるとともに，これらの知識を，聞くこと，読むこと，話すこと，書くことによる実際のコミュニケーションにおいて，目的や場面，状況などに応じて適切に活用できる技能を身に付けるようにする。
（思考力，判断力，表現力等）	(2) コミュニケーションを行う目的や場面，状況などに応じて，日常的な話題や社会的な話題について，外国語で簡単な情報や考えなどを理解したり，これらを活用して表現したり伝え合ったりすることができる力を養う。	(2) コミュニケーションを行う目的や場面，状況などに応じて，日常的な話題や社会的な話題について，外国語で情報や考えなどの概要や要点，詳細，話し手や書き手の意図などを的確に理解したり，これらを活用して適切に表現したり伝え合ったりすることができる力を養う。
（学びに向かう力，人間性等）	(3) 外国語の背景にある文化に対する理解を深め，聞き手，読み手，話し手，書き手に配慮しながら，主体的に外国語を用いてコミュニケーションを図ろうとする態度を養う。	(3) 外国語の背景にある文化に対する理解を深め，聞き手，読み手，話し手，書き手に配慮しながら，主体的，自律的に外国語を用いてコミュニケーションを図ろうとする態度を養う。

5つの領域別の目標	
中学校 外国語	高等学校 英語コミュニケーションⅠ

	中学校 外国語	高等学校 英語コミュニケーションⅠ
聞くこと	ア はっきりと話されれば，日常的な話題について，必要な情報を聞き取ることができるようにする。 イ はっきりと話されれば，日常的な話題について，話の概要を捉えることができるようにする。 ウ はっきりと話されれば，社会的な話題について，短い説明の要点を捉えることができるようにする。	ア 日常的な話題について，話される速さや，使用される語句や文，情報量などにおいて，多くの支援を活用すれば，必要な情報を聞き取り，話し手の意図を把握することができるようにする。 イ 社会的な話題について，話される速さや，使用される語句や文，情報量などにおいて，多くの支援を活用すれば，必要な情報を聞き取り，概要や要点を目的に応じて捉えることができるようにする。
読むこと	ア 日常的な話題について，簡単な語句や文で書かれたものから必要な情報を読み取ることができるようにする。	ア 日常的な話題について，使用される語句や文，情報量などにおいて，多くの支援を活用すれば，必要な情報を読み取り，書き手の意図を把握することができるようにする。

	イ 日常的な話題について，簡単な語句や文で書かれた短い文章の概要を捉えることができるようにする。 ウ 社会的な話題について，簡単な語句や文で書かれた短い文章の要点を捉えることができるようにする。	イ 社会的な話題について，使用される語句や文，情報量などにおいて，多くの支援を活用すれば，必要な情報を読み取り，概要や要点を目的に応じて捉えることができるようにする。
話すこと [やり取り]	ア 関心のある話題について，簡単な語句や文を用いて即興で伝え合うことができるようにする。 イ 日常的な話題について，事実や自分の考え，気持ちなどを整理し，簡単な語句や文を用いて伝えたり，相手からの質問に答えたりすることができるようにする。 ウ 社会的な話題に関して聞いたり読んだりしたことについて，考えたことや感じたこと，その理由などを，簡単な語句や文を用いて述べ合うことができるようにする。	ア 日常的な話題について，使用する語句や文，対話の展開などにおいて，多くの支援を活用すれば，基本的な語句や文を用いて，情報や考え，気持ちなどを話して伝え合うやり取りを続けることができるようにする。 イ 社会的な話題について，使用する語句や文，対話の展開などにおいて，多くの支援を活用すれば，聞いたり読んだりしたことを基に，基本的な語句や文を用いて，情報や考え，気持ちなどを論理性に注意して話して伝え合うことができるようにする。
話すこと [発表]	ア 関心のある事柄について，簡単な語句や文を用いて即興で話すことができるようにする。 イ 日常的な話題について，事実や自分の考え，気持ちなどを整理し，簡単な語句や文を用いてまとまりのある内容を話すことができるようにする。 ウ 社会的な話題に関して聞いたり読んだりしたことについて，考えたことや感じたこと，その理由などを，簡単な語句や文を用いて話すことができるようにする。	ア 日常的な話題について，使用する語句や文，事前の準備などにおいて，多くの支援を活用すれば，基本的な語句や文を用いて，情報や考え，気持ちなどを論理性に注意して話して伝えることができるようにする。 イ 社会的な話題について，使用する語句や文，事前の準備などにおいて，多くの支援を活用すれば，聞いたり読んだりしたことを基に，基本的な語句や文を用いて，情報や考え，気持ちなどを論理性に注意して話して伝えることができるようにする。
書くこと	ア 関心のある事柄について，簡単な語句や文を用いて正確に書くことができるようにする。 イ 日常的な話題について，事実や自分の考え，気持ちなどを整理し，簡単な語句や文を用いてまとまりのある文章を書くことができるようにする。 ウ 社会的な話題に関して聞いたり読んだりしたことについて，考えたことや感じたこと，その理由などを，簡単な語句や文を用いて書くことができるようにする。	ア 日常的な話題について，使用する語句や文，事前の準備などにおいて，多くの支援を活用すれば，基本的な語句や文を用いて，情報や考え，気持ちなどを論理性に注意して文章を書いて伝えることができるようにする。 イ 社会的な話題について，使用する語句や文，事前の準備などにおいて，多くの支援を活用すれば，聞いたり読んだりしたことを基に，基本的な語句や文を用いて，情報や考え，気持ちなどを論理性に注意して文章を書いて伝えることができるようにする。

(2) 「外国語活動・外国語の言語活動の例」の学校段階別一覧表

	中学校　外国語	高等学校　英語コミュニケーションI
聞くこと	(ア) 日常的な話題について，自然な口調で話される英語を聞いて，話し手の意向を正確に把握する活動。	(ア) 日常的な話題について，話される速さが調整されたり，基本的な語句や文での言い換えを十分に聞いたりしながら，対話や放送などから必要な情報を聞き取り，話し手の意図を把握する活動。また，聞き取った内容を話したり書いたりして伝え合う活動。
	(イ) 店や公共交通機関などで用いられる簡単なアナウンスなどから，自分が必要とする情報を聞き取る活動。	(イ) 社会的な話題について，話される速さが調整されたり，基本的な語句や文での言い換えを十分に聞いたりしながら，対話や説明などから必要な情報を聞き取り，概要や要点を把握する活動。また，聞き取った内容を話したり書いたりして伝え合う活動。
	(ウ) 友達からの招待など，身近な事柄に関する簡単なメッセージを聞いて，その内容を把握し，適切に応答する活動。	
	(エ) 友達や家族，学校生活などの日常的な話題や社会的な話題に関する会話や説明などを聞いて，概要や要点を把握する活動。また，その内容を英語で説明する活動。	
読むこと	(ア) 書かれた内容や文章の構成を考えながら黙読したり，その内容を表現するよう音読したりする活動。	(ア) 日常的な話題について，基本的な語句や文での言い換えや，書かれている文章の背景に関する説明などを十分に聞いたり読んだりしながら，電子メールやパンフレットなどから必要な情報を読み取り，書き手の意図を把握する活動。また，読み取った内容を話したり書いたりして伝え合う活動。
	(イ) 日常的な話題について，簡単な表現が用いられている広告やパンフレット，予定表，手紙，電子メール，短い文章などから，自分が必要とする情報を読み取る活動。	(イ) 社会的な話題について，基本的な語句や文での言い換えや，書かれている文章の背景に関する説明などを十分に聞いたり読んだりしながら，説明文や論証文などから必要な情報を読み取り，概要や要点を把握する活動。また，読み取った内容を話したり書いたりして伝え合う活動。
	(ウ) 簡単な語句や文で書かれた日常的な話題に関する短い説明やエッセイ，物語などを読んで概要を把握する活動。	
	(エ) 簡単な語句や文で書かれた社会的な話題に関する説明などを読んで，イラストや写真，図表なども参考にしながら，要点を把握する活動。また，その内容に対する賛否や自分の考えを述べる活動。	
話すこと [やり取り]	(ア) 関心のある事柄について，相手からの質問に対し，その場で適切に応答したり，関連する質問をしたりして，互いに会話を継続する活動。	(ア) 身近な出来事や家庭生活などの日常的な話題について，使用する語句や文，やり取りの具体的な進め方が十分に示される状況で，情報や考え，気持ちなどを即興で話して伝え合う活動。また，やり取りした内容を整理して発表したり，文章を書いたりする活動。

	(イ) 日常的な話題について，伝えようとする内容を整理し，自分で作成したメモなどを活用しながら相手と口頭で伝え合う活動。	(イ) 社会的な話題について，使用する語句や文，やり取りの具体的な進め方が十分に示される状況で，対話や説明などを聞いたり読んだりして，賛成や反対の立場から，情報や考え，気持ちなどを理由や根拠とともに話して伝え合う活動。また，やり取りした内容を踏まえて，自分自身の考えなどを整理して発表したり，文章を書いたりする活動。
	(ウ) 社会的な話題に関して聞いたり読んだりしたことから把握した内容に基づき，読み取ったことや感じたこと，考えたことなどを伝えた上で，相手からの質問に対して適切に応答したり自ら質問し返したりする活動。	
話すこと[発表]	(ア) 関心のある事柄について，その場で考えを整理して口頭で説明する活動。	(ア) 身近な出来事や家庭生活などの日常的な話題について，使用する語句や文，発話例が十分に示されたり，準備のための多くの時間が確保されたりする状況で，情報や考え，気持ちなどを理由や根拠とともに話して伝える活動。また，発表した内容について，質疑応答をしたり，意見や感想を伝え合ったりする活動。
	(イ) 日常的な話題について，事実や自分の考え，気持ちなどをまとめ，簡単なスピーチをする活動。	(イ) 社会的な話題について，使用する語句や文，発話例が十分に示されたり，準備のための多くの時間が確保されたりする状況で，対話や説明などを聞いたり読んだりして，情報や考え，気持ちなどを理由や根拠とともに話して伝える活動。また，発表した内容について，質疑応答をしたり，意見や感想を伝え合ったりする活動。
	(ウ) 社会的な話題に関して聞いたり読んだりしたことから把握した内容に基づき，自分で作成したメモなどを活用しながら口頭で要約したり，自分の考えや気持ちなどを話したりする活動。	
書くこと	(ア) 趣味や好き嫌いなど，自分に関する基本的な情報を語句や文で書く活動。	(ア) 身近な出来事や家庭生活などの日常的な話題について，使用する語句や文，文章例が十分に示されたり，準備のための多くの時間が確保されたりする状況で，情報や考え，気持ちなどを理由や根拠とともに段落を書いて伝える活動。また，書いた内容を読み合い，質疑応答をしたり，意見や感想を伝え合ったりする活動。
	(イ) 簡単な手紙や電子メールの形で自分の近況などを伝える活動。	(イ) 社会的な話題について，使用する語句や文，文章例が十分に示されたり，準備のための多くの時間が確保されたりする状況で，対話や説明などを聞いたり読んだりして，情報や考え，気持ちなどを理由や根拠とともに段落を書いて伝える活動。また，書いた内容を読み合い，質疑応答をしたり，意見や感想を伝え合ったりする活動。
	(ウ) 日常的な話題について，簡単な語句や文を用いて，出来事などを説明するまとまりのある文章を書く活動。	
	(エ) 社会的な話題に関して聞いたり読んだりしたことから把握した内容に基づき，自分の考えや気持ち，その理由などを書く活動。	

4. 「主体的・対話的で深い学び」を生徒が達成するための教師の指導・支援の7の原則

　生徒の未来を見据えて、生徒が授業（の内外）で、主体的・対話的で深い学びをするために、私たち教師が授業実践で何を大切にしなければならないかを、「主体的・対話的で深い学び」の下支えと学習指導要領をふまえて、7つのキーワードでまとめました。

① 評価に関する教師と生徒の取り組み
② 安心・安全で円滑進行する授業
③ 理にかなった言語活動・学習活動
④ 基礎・基本
⑤ 真正なタスクへの粘り強い取り組み
⑥ 学習の個人内完結と振り返り
⑦ 自律的学習者であることから社会的エージェントであることへ

　この教師の指導・支援の7の原則の授業実践では、生徒たちがどのように学んでいるかを例示しました。それが16〜17ページの表です。

　その表では、7つのキーワードとその説明に続いて、それぞれの原則について、主体的な学び、対話的な学び、深い学びの「学び」別の教師の指導・支援の例を、「生徒が何をするか」という視点でまとめました。まず、それぞれの原則の説明をします。

① 評価に関する教師と生徒の取り組み
　　生徒や学校の実態にあった目標とその評価方法を生徒が理解して、それに向かって生徒が適切に学ぶことを促進することが必要です。
② 安心・安全で円滑進行する授業
　　様々な生徒がいる授業では、ルールが明確にされていて、ユニバーサルデザインにより、すべての生徒が安心して自ら学び、それにより学習がスムーズに進むようにすることが必要です。

③　理にかなった言語活動・学習活動

　様々な活動に、なるほどと生徒は腑に落ちて、意味があるタスクに取り組むことが必要です。そうすることで、学習した内容を活用して適切に表現できる力を養うように取り組むことが必要です。

　＊「学習活動」は、学習指導要領解説（中学校）では「言語活動，観察・実験，問題解決的な学習など」（p.4）と示されていますが、ここでは言語活動と区別して、基礎・基本の学習で、語彙、文法、発音または音読等の教師の指導による学習とします。

④　基礎・基本

　齋藤榮二先生が、時として、毅然とした姿勢で、しんどいことも生徒に取り組ませる教師の指導のあり方を「教育的腕力」（齋藤、2003）と表現されていましたが、これも念頭に、例えば、語彙、文法、文化を理解して、コミュニケーションの場で4技能・五領域の活用を通じて習得させるような取り組みが必要です。

⑤　真正なタスクへの粘り強い取り組み

　主体的、自律的にコミュニケーションを図ろうとする態度を養うためには、様子を見ながら挑戦的で、生徒が興味深いと感じる活動が必要で、本物の素材を使った、本物のタスクに取り組ませることが必要です。

⑥　学習の個人内完結と振り返り

　学習がモヤモヤ感で終わるのではなく、腑に落ちて、「わかった！」となり、さらにできるようになったという、自己に向かい合い個人内で完結した状態になることを重視して、様々な段階でそのための振り返りをすることが必要です（「学習は個人において成立する」（齋藤、2003））。

⑦　自律的学習者であることから社会的エージェントであることへ

　何のために学ぶのかという根本原理の問題です。生徒が自分で考えて適切解を出す自己決定の場面を増やして、自律的に学習できるようになり、英語が使えるようになった！から、さらに社会で主体的に行動できるように生徒を育成することが必要です。この気概を教師も生徒も持たなければなりません。

 ＊CEFRでは、学習者は「社会的エージェント（social agent)」と捉えられています。社会の中で主体的に行動する者という意味です。

　これらのキーワードをもとに教師は「主体的・対話的で深い学び」を生徒が達成するためにどのような指導・支援をするかの例を 16 〜 17 ページの一覧表で確認してください。

学習評価について

　『「指導と評価の一体化」のための学習評価に関する参考資料』（以下、参考資料）に従い、本書では、「授業の目標」と「評価規準」を明示しました。

　評価規準の作成については、「学習指導のねらいが児童生徒の学習状況として実現されたかについて，評価規準に照らして観察し，毎時間の授業で適宜指導を行うことは、育成を目指す資質・能力を児童生徒に育むためには不可欠である」（参考資料、p.16）とあります。また、『学習評価の在り方ハンドブック』（小・中学校編、高等学校編）（以下、ハンドブック）には「学習評価については，日々の授業の中で児童生徒の学習状況を適宜把握して指導の改善に生かすことに重点を置くことが重要です」と説明されています。本書では、これらに基づき、それぞれの授業について、参考資料にある単元ではなく本時に関しての「授業の目標」と「評価規準」を提示しています。

　学習評価の在り方は重要です。本書では、「教師が指導の改善を図るとともに、生徒自身が自らの学習を振り返って次の学習に向かうことができるようにする」（ハンドブック、高等学校編）ためにも学習評価を重視しています。その方法は、「知識・技能」「思考・判断・表現」「主体的に学習に取り組む態度」の3つの観点のそれぞれに生徒の学習状況を評価する観点別学習評価です。

「主体的・対話的で深い学び」を生徒が達

指導・支援の7の原則		指導・支援の7の原則による
キーワード＆解説		主体的な学び
1. 評価に関する教師と生徒の取り組み	実態にあった目標とその評価方法を生徒が理解して、それに向かい適切に学ぶことを促進する。	生徒の動機づけを高めるような目標と評価方法（CAN-DO リスト、ルーブリックなど）をもとに、その達成のための具体的な方法を生徒が自分で設定して、学びに向かう。
2. 安心・安全で円滑進行する授業	授業のルールを明確に示して、ユニバーサルデザインにより生徒が安心して自ら学び、学習がスムーズに進むようにする。	教師は生徒が「誤る」ことも必要であることを強調するも教え込もうとはせずに、生徒は、思考、判断、表現するタスクに取り組み、外国語の知識を適切に活用できる技能を身に付ける。
3. 理にかなった言語活動・学習活動	生徒が納得できて意味があるタスクに取り組ませて、学習した内容を活用して、適切に表現できる力を養うように取り組ませる。	目的・場面・状況が明確に設定されている理にかなったタスクに、生徒が取り組む必要性と必然性を理解して、自ら前向きに学ぶ。
4. 基礎・基本	外国語の特徴やきまり及び文化の理解を土台にして、コミュニケーションでの4技能の活用を通じて基礎・基本を習得させる。	学ぶことへの興味・関心を高めつつ、外国語の特徴やきまりや文化に気づいて、それを理解しながら素材を理解して、活用できるようになる。
5. 真正なタスクへの粘り強い取り組み	主体的、自律的にコミュニケーションを図ろうとする態度を養うために、挑戦的で興味深い本物のタスクに取り組ませる。	生徒が自分の課題に気づき、見通しを立てて、粘り強く考えながら真正なタスクを「自分事」として取り組む。そのために graphic organizer などを活用する。
6. 学習の個人内完結と振り返り	学習が個人内で完結することを重視して、様々な段階でその省察をさせる。	生徒自身が、CAN-DO リストに基づき、学習が完結する場面への見通しを立てて学習して、自分の達成度を自分で確認し、次の課題を認識する。
7. 自律的学習者であることから社会的エージェントであることへ	生徒の自己決定場面を増やして、自律的に学習できるようにして、社会で主体的に行動できるように育成する。	自律的に学習することで社会的エージェントを自覚できて、責任を伴う選択をして、さらに自己決定しなければならないタスクに取り組む。

成するための教師の指導・支援の７の原則

生徒の学びの例：「生徒が、何を／どのように、するか／しているか」

対話的な学び	深い学び
授業進行の段階で、教員と生徒または生徒と生徒の間で、理解を伴う学びのフィードバックをして、自分の伸長や変容を生徒同士で探る。	生徒が目標の達成状況を判断して、教師が支援しつつも、生徒は見通しをもって更なる目標を決めて、それを達成するように取り組む。
意味のやり取りを中心に、生徒は自分たちの好ましい関係の構築につとめ、小さな誤りを臆せず、自発的で自律的に自然なインタラクションを促進する。	多様で高度なタスクに取り組み、振り返りで相互にアドバイスを取り入れて気づきを経験して、基礎・基本の定着を深めて、安心・安全にクラス全体で学ぶ。
意味のやり取りに必要性と必然性があるペアやグループでの理にかなったタスクを経験して、生徒同士の関係性をお互いに深める。	主体的で自律的に理にかなったタスクで学び、生徒自身がどの程度変容できたかを実感して、新たに取り組みたくなるタスクを自分で可能な限り設定して学ぶ。
Think → Pair → Share などの手法を用いたペアやグループでの活動で、活動後のお互いの伸長を生徒が確認し、基礎・基本の定着を進める。	既習事項を基礎・基本をもとに多面的に捉えて、それを相互に関連付けてさらに新しい目的・場面・状況へと応用・発展させるタスクを通して、学びを深める。
ペアや小グループで協働して真正で解消したくなるインフォメーションギャップや意味のある交渉の機会が設定されていて、学びに向かう。	高度で真正なタスクの解決に向けて、高次思考スキルを用い、活動後は振り返りを通じて「できたこと」「できなかったこと」を整理する。
学んだことをまず整理して、相手に伝えて、さらにそれについてのフィードバックを相手から受けて、自分の中で再び学ぶ。	学んだことについて自分で振り返り、事象、問題点、原因・背景、課題、解決方法、進捗などで整理して、話して、あるいは、書いて発信する。
ペアやグループでそれぞれが自律する。その後、お互いが支援し合えるようになる。自分が社会の何とどのように関連しているかをともに模索して、社会と積極的に関わるにはどうすればよいかを考える。	生徒と社会をつなげる発問を通して深く考え、教員と生徒で責任と権限を共有し、多様な学習方法に自律的に取り組む。さらに、社会に大きく寄与できる取り組みを行い、その成果を振り返ることをめざす。

本書について

・本書は、学習指導要領や「主体的・対話的で深い学び」に基づきつつ、「ちょっと工夫した」、基礎を重視した授業実践で、中学生及び高校生の英語の力をアップするお助けになることをめざして、徹底して、授業の様々な展開例を示しています。

・本書のⅡ、Ⅲ、Ⅳでは、英語授業の様々な展開を例示しています。Ⅱでは1つの技能に焦点化した授業、Ⅲでは2技能の統合の授業、Ⅳでは4技能の統合をめざす授業を示しました。

・各授業には次を含んでいます：1. 授業のねらいと学習指導要領、2. 授業の題材・教材、3. 本時の目標、4. 本時の評価規準、5. 準備、6. 本時の活動指導計画。これらで、授業の全体を明らかにしました。

・各授業の「6. 本時の活動指導計画」では、授業を進める際のポイントを提示、提案しています。授業を進める際のポイントは、原則として、見開き左側のページの内容のすぐ右に明示することとしています（必ずしもそのようになっていない場合もあります、紙面の都合上、申し訳ありません）。じっくりお読みください。

・適所に コラム を配置して、授業に役立つ情報提供をめざしました。

・説明の簡略化のために、教師、生徒、生徒たちは、それぞれT、S、ssの記号を使いました。また、（話しかける等の）方向や変換を、→や⇔で示しました。さらに、日本語は日と、英語は英と表記している場合もあります。

・特に中学校の授業では、言語活動、指導、言語活動の流れを意識して、授業を展開するようにしました。

・引用文献の提示では、「1. 授業のねらいと学習指導要領」においては、『学習指導要領』からの引用であることの記述は、紙面の都合上控えさせていただきました。また、参考文献等は本編に所載した場合もあります。

Ⅱ Hop
「主体的・対話的で深い学び」の英語授業 （基礎編）

---

1. 文法が定着する話すこと［やり取り］（中2）

---

1. 授業のねらいと学習指導要領

　本時では、話すこと［やり取り］の大枠の中で、現在完了形と今回の学習指導要領の改訂で新しく指導事項に追加された現在完了進行形について、その働きを理解して、それらを使って伝え合う技能を身に付けることをめざします。その際、既習事項を活用しつつ、言語活動と効果的に関連付けて指導します。

　これにあたっては、いわゆる文法指導に終始するのではなく、話すこと［やり取り］の伸長をめざし、「ア　関心のある事柄について，簡単な語句や文を用いて即興で伝え合うことができるようにする」ことを目標に、「(ア) 関心のある事柄について，相手からの質問に対し，その場で適切に応答したり，関連する質問をしたりして，互いに会話を継続する活動」と効果的に関連付けて指導します。

　本時にて取り扱う「文法事項」は、「英語の特徴やきまりに関する事項」として整理されていて、それは知識と技能の面で構成されています。

　文法の指導について、学習指導要領では「3　指導計画の作成と内容の取扱い」「(2) 内容の取扱い」において以下のとおり示されています。

エ　文法事項の指導に当たっては，次の事項に留意すること。
(ア) 英語の特質を理解させるために，関連のある文法事項はまとめて整理するなど，効果的な指導ができるよう工夫すること。
(イ) 文法はコミュニケーションを支えるものであることを踏まえ，コミュニケーションの目的を達成する上での必要性や有用性を実感させた上でその知識を活用させたり，繰り返し使用することで当該文法事項の規則性や構造などについて気付きを促したりするなど，言語活動と効果的に関連付けて指導すること。
(ウ) 用語や用法の区別などの指導が中心とならないよう配慮し，実際に活用できるようにするとともに，語順や修飾関係などにおける日本語との違いに留意して指導すること。

　文法事項の知識がどれだけ身に付いたかを重要視するのではなく、生徒の学

びの過程全体を通して、生徒が主体的に運用する技能を高めること、そして、思考・判断・表現を繰り返すことで、既習の知識が定着して、生徒の学習内容の理解が深まるなど、知識と技能が互いに関係し合うことが重要です。

2. 授業の題材・教材

　題材は、現在完了形及び現在完了進行形を含む、自分の関心のある事柄です。文法事項を理解して、活用して慣れ親しみ、短い対話やパートナーのためのまとめノートを作成することで定着をはかります。教材は書き下ろしのダイアローグです。

3. 本時の目標

　関心のある事柄に関して、聞いたことについて事実や自分の考え、気持ちなどを、簡単な語句や現在完了形及び現在完了進行形を含む文を用いて即興で伝え合うことができる。

4. 本時の評価規準

A.　知識・技能	B.　思考・判断・表現	C.　主体的に学習に取り組む態度
①〈知識〉現在完了形及び現在完了進行形の特徴やきまりを理解している。 ②〈技能〉関心のある事柄について思ったこと、その理由などを、現在完了形及び現在完了進行形などを用いて伝え合う技能を身に付けている。	友達の意見等を踏まえた自分の考えや感想などをまとめるために、関心のある事柄に関して聞いたことについて考えたことや感じたこと、その理由などを即興で伝え合っている。	友達の意見等を踏まえた自分の考えや感想などをまとめるために、関心のある事柄に関して聞いたことについて考えたことや感じたこと、その理由などを即興で伝え合おうとしている。

＊現在完了形と現在完了進行形を以下では「現在完了形等」とします。

5. 準備

(1) ハンドアウト

①提示する短文

Satoshi:Have you traveled a lot, Yuki?
Yuki:Yes, I have been to a lot of places.
Satoshi:Oh, nice. Have you ever been to Rakuten Seimei Park Miyagi?
Yuki:Yes, I have been to the stadium twice.
Satoshi: Oh, two times. How about Fukuoka PayPay Dome?
Yuki:No, I haven't been there.

②質問カード

Did your bike break down again yesterday?	Can you play tennis?
Are you enjoying your summer vacation?	Are you hungry?
Is Kyoto an interesting place?	

③回答カード

Yes. I have not eaten much today.	Yes. I have been there three times.
Yes, but I have not played for three years.	Yes. I have been enjoying swimming in the sea.
Yes. It has broken down since then.	

④パートナーのためのまとめノート作成（例）

作問者名（　　　　　　　　　　　）　　解答者名（　　　　　　　　　　　）

（　　　　　　　　　　　　）さんの要望は（　　　　　　　　　　　）です。

現在完了形と現在完了進行形のまとめ

（　　　　　　　　　　　）さんへの問題

1	
2	
3	
4	
5	

（　　　　　　　　　　　）さんへの問題解答解説

1	
2	
3	
4	
5	

⑤本授業終盤に実施している自己評価シート

	文法事項	聞くこと	話すこと
A (5)	現在完了形等の働きや形をたいへんよく理解することができた。	現在完了形等を含んだ英文を聞いてその内容をたいへん的確に理解することができた。	現在完了形等を使い、そのトピックに対して的確に話すことができた。
B (3)	現在完了形等の働きや形を概ね理解することができた。	現在完了形等を含んだ英文を聞いてその内容を概ね理解することができた。	現在完了形等を使い、そのトピックに対して概ね話すことができた。
C (1)	現在完了形等の働きや形を理解することができなかった。	現在完了形等を含んだ英文を聞いてその内容を理解することができなかった。	現在完了形等を使い、そのトピックに対して話すことができなかった。

コラム　文法は受験のため？

　「文法」というと、「受験のための勉強」「受験英語」という印象を持たれてしまうかもしれません。確かに、文法項目を１つずつ取り上げ、ノートに全文和訳を書いていたような旧来の英語学習はそうだったのかもしれませんが、今は音読を中心とした実用的な英語学習や実際の英語使用の場面で、文法を学ぶことが多くなってきたのではないでしょうか。各校で今利用している教科書や副読本を最大限活用することで、生徒が将来英語を使用する上で、その学びはプラスになると思います。受験を、生徒の良いモチベーションへ変え、「英語コミュニケーション」や「論理・表現」とリンクさせながら、日々の授業を大切にしていきましょう。

　文法は、実は非常に楽しいものだと思います。文法学習のおいしい部分を、先生たちが全部、解説してしまうのではなく、この英文構造はどんな構造になっているのだろうと生徒へ問いかけ、ペアで話し合い、意見を聞くことで生徒の文法に関する理解度やつまずきも把握できます。生徒が文法のおもしろさに気づくように仕向けるのが先生の役割ではないでしょうか。生徒が授業中に、「わかった！」「こういう英文構造だったのか！」とアハ体験を繰り返すことで、楽しい文法の学びを徐々に習得し、それぞれの技能へつなげていくのではないかと思います。

　生徒のもっと知りたい、わかりたい、学びたいという気持ちを大切にして、「わかる」という場面をたくさん作り、生徒の自己肯定感も高めることができれば、文法は受験のためだという意識は払拭できるのではないかと感じます。

6. 本時の活動指導計画

生徒の活動	教師の指導・支援	評価
・挨拶をする。	・挨拶をする。	
Pre-TASK 1. Schema activation ・過去形、過去進行形、現在形、現在進行形を使ったやり取り。 ・「時」の表現に焦点をあて、対話を継続・発展させる。 ・つなぎ表現や具体的な内容を問う発話をさせる。	1. Schema activation 　言語活動 ・形式スキーマに焦点をあてて、過去形、過去進行形、現在形、現在進行形を使ったやり取り。 ・「時」の表現に焦点をあてるも、対話を継続・発展するように、つなぎ表現や具体的な内容を問う発話を使用する。 ・はじめは T → ss、その後 S ⇔ S。 ・動作動詞と状態動詞に注意させる。	
While-TASK 1. Pair work ・教師と生徒との対話を聞いてペアワーク ・聞いた対話の内容をもとに対話する。 ・できるだけ継続する。	1. 教師と生徒との対話を聞いてペアワーク 　言語活動 ・右の対話を聞く。 ・その対話をもとに対話する。	A① A②
2. Understanding ・ペアで互いに情報を補い合う。 ・ペアで助け合うことができたかを確認する。 ・対話に関する気づきや意見を述べる。 ・動詞の形に関する説明を聞く。	2. 動詞の形について、説明する。 　指導 ・ペアで助け合いながら、情報を共有してどのような形の動詞が使われているか、その働きはどのようなものかを考えるよう指示をする。 ・対話に関する気づきや意見を聞き出し、全体で共有する。 （説明例） 　現在完了形＝have/has＋過去分詞 　　　　　　　　　今までの Yuki の人生 　　　　　　　　　　　　　過去　　　　現在 「今〜したところだ」 「今までに〜したことがある」 「今までずっと〜だ」 ☆過去から現在までの話題（時間の幅）	A①
3. Direction ・A さんと B さんを決め、ペアになる。 ・質問カード5枚、回答カード5枚、計10枚の短文が記入されているカードが入った封筒を受け取る。 ・カードに書かれた短文の内容や状況を的確に把握し、質問カードと回答カードを適切に組み合わせる。	3. 状況把握と場面構築 　言語活動 ・A さんと B さんのペアになるよう指示をする。 ・カードが入った封筒を1つ、各ペアへ配付する。 ・カードに書かれた短文の内容や状況を的確に把握し、質問カードを適切に組み合わせるよう指示をする：Make pairs. There are ten cards in this envelope. Five question cards and five answer cards. Think about the situation and match these cards.	A① A②
4. Understanding ・読み上げられた質問カードに応答する回答カードを言う。 ・どのような状況のときに現在完了形を用いているかを理解する。	4. 確認する 　指導 ・質問カードを読み上げ、各ペアからその状況と解答を聞き出す。 ・どのような状況のときに現在完了形を用いているかを確認する。	A①

学習指導案作成上の留意点と指導のコツ	時間
	導入 2分

教師からの質問例 　　What time did you get up yesterday?/ How were you when you woke up yesterday?/ What were you doing at noon yesterday?/ Where do you live ?/ What do you usually do after supper?/ What is your teacher doing now? など。 会話を継続・発展するための表現例 　①相手に聞き返したり確かめたりする :Pardon?/ You mean..., right? 　②相づち，つなぎ言葉：I see./ Really?/ That's nice. 　③答えを受けて自分のことを伝える：I like baseball, too. 　④「関連する質問」を付け加える：How about you? 1. ┌────────────────────────────┐ Listen to the dialog. Then tell us something about the story. Satoshi: Have you traveled a lot, Yuki? Yuki: Yes, I have been to a lot of places. Satoshi: Oh, nice. Have you ever been to Rakuten Seimei Park Miyagi? Yuki: Yes, I have been to the stadium twice. Satoshi: Oh, two times. How about Fukuoka PayPay Dome? Yuki: No, I haven't been there. └────────────────────────────┘ ・この例をもとに生徒同士でやり取り。 ペアで助け合うというペアワークの意義 　ペアワークの意義は、他人と協力することにより、1人では到達できないところに達すること、新しい意味を創り出すことが可能になることであると考える。私たちの生活は、他者との協力のもとで成立している。成果をあげるプロセスには他者の理解や協力が必要である。人が生きていくために、他者とともに活動していくことの重要性を生徒たちへ説明する必要がある。 2. ・ペアで対話の内容を確認し、生徒同士の気づきを大切にしながら、どのような形の動詞が使われているかを考える。 3. ・生徒の実態に応じて、タイムトライアルのように時間制限を設けると良い。 ・各ペアから状況と解答を聞き出す際は、間違っても良いことをあらかじめ伝えておく。間違いながら学ぶ教室の雰囲気を醸成する。 ・質問をしながら、あるいは生徒の解答を聞きながら、現在完了形に関する確認をする。	展開 16分

5. Pair work ・下記のグループワークに発展させてもよい。 S1: Oh, it's raining. S2: Yes. It began to rain two hours ago. S3: So it has been raining for two hours. S4: Yes. Masa and Yuki went out two hours ago and they have been playing soccer for two hours.	5. 教師と生徒との対話を聞いてペアワーク　言語活動 ・現在完了進行形は未習も、活動を通じて慣れるようにする。 ・この成功は、本時の最初の schema activation での形式スキーマに焦点をあてたやり取りにある。そこでは、目的や場面、状況に意識を向かわせて、必要に応じて、明示的な指導も必要になる。	A ① A ②
6. Undrestanding ・具体的な例文とともに理解する。	6. 「動詞の形」について、説明する。　指導 （右記説明例）	A ①
7. Expressing yourself. ①次の単語を含む英語を使って自分のことを伝える。 ②ペアをかえて①で得た情報を相手に伝える。	7. 自己表現　言語活動 ①次の単語を含む英語などを使って自分のことを伝えるよう指示をする（他の表現でもよい）。 　具体例や感じたことなどを伝えるよう指示をする。 　English, study this town, live 　computer, use cellphone, lose ②ペアをかえて①で得た情報を相手に伝えるよう指示をする。	B C
8. Saying it to the class ・各ペアで話した内容やその状況を言う。 ・どのような状況で現在完了形を用いているかを確認する。	8. 確認する　指導 ・各ペアの内容やその状況を聞き出す。 ・どのような状況で現在完了形を用いているかを確認する。	A ① A ②
Post-TASK 1. Reviewing ・パートナーのために、現在完了形等の働きをまとめ、問題を作る。 ・パートナーの要望を聞く。例：否定文が弱い、疑問文を作る練習がしたいなど。 ・次回の授業までにノートを仕上げて持参する。	1. パートナーのためのまとめノート作成 ・パートナーのために、現在完了形等の働きをまとめ、パートナーの要望にあった問題を作るよう指示をする。 ・パートナーの要望を聞くよう指示をする。 ・次回の授業にノートを提出するよう指示をする。	A ① A ②
SUMMARY ・自己評価をする。 　振り返りシートに、自己評価を記入する。 ・全体で誤りや質問の多かった文法事項を再度確認する。 ・挨拶をする。	・自己評価をするよう指示をする。 　振り返りシートに自己評価を記入するよう指示をする。 ・全体で誤りや質問の多かった文法項目を再度確認する。 ・挨拶をする。	

5.

> T: Do you play football, Jane?
> J: Yes. I started it last month and play it every day.
> T: You have been playing football since last month.
> J: That's right. I have also been playing softball for three years.
> T: You have been playing football and softball. Great! *I wish I were like you.*

・この例をもとに生徒同士でやり取り。ただし *I wish I were like you.* が未習事項なら削除する。

・ペアで助け合うというペアワークの意義を事前に確認しておく。
・ペアで対話の内容を確認し、生徒同士の気づきを大切にしながら、どのような形の動詞が使われているかを考える。

> （説明例）
> 「ずっと〜している」を英語で表現するポイント
> ・状態動詞…現在完了形：have/has ＋過去分詞
> ・動作動詞…現在完了進行形：have/has ＋ been ＋ ~ing
> 　☆状態動詞…「動き」が見えない、わからない。think, love, live 等。
> 　★動作動詞…「動き」が見える、わかる。drink, eat, run 等。

7.

・目的・場面、及び状況を念頭に単語を提示する。イラストのみの提示も可。
・辞書を使ってもよい。これは英語で何と表現するのだろうという好奇心を大切にする。
・机間支援をしながら、質問対応や英文を書くことにつまずいている生徒を支援する。
・よく見られる共通の誤りがあれば、全体の活動を止めて解説するのもよい。

19分

・以下の基本項目を抑えているかどうかなどを机間支援にて確認する。
　①時間の幅は現在完了形
　②「今までずっと〜だ」動作動詞は現在完了進行形
・机間支援をしながら、質問対応や理解が十分でない生徒を支援する。
・よく見られる共通の誤りがあれば、全体を止め解説をする。

10分

整理
3分

---

2. ICT を活用した聞くこと（中2）

---

1. 授業のねらいと学習指導要領

　本時は「聞くこと」の授業で、学習指導要領の目標は「イ　はっきりと話されれば，日常的な話題について，話の概要を捉えることができるようにする」及び「ウ　はっきりと話されれば，社会的な話題について，短い説明の要点を捉えることができるようにする」となります。

　学習指導要領では言語活動について、「聞くこと」のイとウは、「(ア) 日常的な話題について，自然な口調で話される英語を聞いて，話し手の意向を正確に把握する活動」、「(ウ) 友達からの招待など，身近な事柄に関する簡単なメッセージを聞いて，その内容を把握し，適切に応答する活動」、「(エ) 友達や家族，学校生活などの日常的な話題や社会的な話題に関する会話や説明などを聞いて，概要や要点を把握する活動。また，その内容を英語で説明する活動」と関連します。本時の活動は、特に (エ) に着目します。

　本時は中学2年生の授業で、比較の表現を克服しつつ、ICTも駆使して、英語に正しくたくさん触れることで、英語学習に対するモチベーションの向上もねらいにしたいと思います。

　なお、「英語×ICT」が、学習者の視点で、下記の3つの効果が考えられることをふまえて本時を進めることとします。

（1）英語に対する興味関心を高める

　　①動的、インタラクティブなコンテンツの提供

　　②一人一人の能力や特性に応じた学びが可能

（2）学習効果を高める

　　①Native音声による教材活用

　　②コミュニケーションツール等の活用

　　③海外Webページ活用

　　④海外との交流学習・デジタル教科書活用

(3) 進捗確認・課題発見に役立つ

　①デジタルでログ学習履歴やポートフォリオを活用して自己管理としても
　　活用

2. 授業の題材・教材

　ブリタニカオンライン教材を使います。この教材を使うと様々な分野を学ぶ
ことができます。この教材は、百科事典の編集で培われた膨大なコンテンツで
学習を支援しています（記事・画像・動画）。記事の英語レベルは3段階に分
かれていて、同一項目の異なるレベルの記事に簡単にジャンプできます。ま
た、レベルに応じて画像や動画も異なるために、発展学習としてのアダプティ
ブラーニングにも対応できます。

　本時の内容は「アフリカ」をテーマに取り上げています。文法事項としては、
比較の表現を学習します。

Title：「アフリカ」（Africa）

> Africa is the world's second largest continent. More than 50 countries make up the continent. More than one-eighth of the world's population lives there. The northern and western parts of the continent are generally lower and more level than the eastern and southern areas. Africa is the oldest continent and most of its mountains are not as high as those on other continents.

（イギリス英語）

3. 本時の目標

　はっきりと話されれば、アフリカの話題について、話の概要と要点を捉える
ことができる。

4. 本時の評価規準

A 知識・技能	B 思考・判断・表現	C 主体的に学習に取り組む態度
①〈知識〉比較表現に関する表現を理解している。 ②〈技能〉比較表現に関する表現の特徴やきまりの理解を基に、アフリカをテーマにする文章の内容を捉える技能を身に付けている。	①アフリカをテーマにする文章の概要を聞き取ったり捉えたりしている。 ②アフリカをテーマにする文章の要点を聞き取ったり捉えたりしている。	①アフリカをテーマにする文章の概要を聞き取ったり捉えようとしている。 ②アフリカをテーマにする文章の要点を聞き取ったり捉えようとしている。

5. 準備

(1) 写真（導入時使用）：アフリカに関する写真

(2) ハンドアウト：Vocabulary Sheet（単語の確認）

Africa

No.	English	E→J	No.	Japanese	J→E
1	Africa	☐☐☐	1	アフリカ	☐☐☐
2	continent	☐☐☐	2	大陸	☐☐☐
3	make up	☐☐☐	3	成り立つ	☐☐☐
4	one-eighth	☐☐☐	4	8分の1	☐☐☐
5	population	☐☐☐	5	人口	☐☐☐
6	northern	☐☐☐	6	北の	☐☐☐
7	western	☐☐☐	7	西の	☐☐☐
8	generally	☐☐☐	8	一般的に	☐☐☐
9	eastern	☐☐☐	9	東の	☐☐☐
10	southern	☐☐☐	10	南の	☐☐☐
11	area	☐☐☐	11	場所	☐☐☐
12	those on other countries	☐☐☐	12	他の国々の山々	☐☐☐
13		☐☐☐	13		☐☐☐
14		☐☐☐	14		☐☐☐
15		☐☐☐	15		☐☐☐

How many words did you find unfamiliar ?　（　　　　　　　）

(3) 多様なパワーポイントシート（他の単元でも活用できる）

　授業で使うデジタル教材を自分で作ってみたい——そんな時、英語との相性がぴったりのお勧めソフト、それがパワーポイント（PP）です。PPで作成した次の5つのスライドを使用します。唐澤・米田（2014）は「デジタル教材こそ"DIY"で」を合言葉に、アイデアいっぱいの"手作り"教材を紹介しています。さらに、iPadアプリKeynoteでの作成法にも触れています。さらにhttps://www.taishukan.co.jp/book/b197170.htmlには25ものsampleが紹介されています。無料ダウンロードが可能です。下記以外にも多数の無料の事例が紹介されています。その詳細な設定方法は、スライドのコメント欄に記入されていて、すべて個人でアレンジ可能になっています。

① 例1　一覧タイプのフラッシュカード

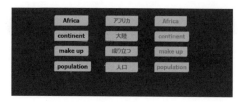

② 例2　4つのパターン

a. 文字が流れる（エンドロール風)

b. 消しながら（文字を消しながら音声を再生)

c. 現れ消えて（文字が現れては消えていく)

d. タイマー設定（カウントダウンで速読訓練)

(4)　ワークシート

① 内容確認用Columnar readingで

Africa is the world's second largest continent.	アフリカは世界で（　　　）番目に（　　　）大陸です。
More than 50 countries make up the continent.	（　　　）の国々が大陸を構成しています。
More than one-eighth of the world's population lives there.	世界の人口の（　　　）がそこに住んでいます。
The northern and western parts of the continent are generally lower and more level than the eastern and southern areas.	大陸の北と西の部分は、一般的に東と南の地域よりも（　　　）、より平地になっています。
Africa is the oldest continent and most of its mountains are not as high as those on other continents.	アフリカは最も（　　　）大陸です。そのため、ほとんどの山は他の大陸の山ほど（　　　）。

② 穴埋め用

Africa is the world's second (　　　　)
continent. (　　　　) (　　　　) 50
countries make up the continent. (　　　　)
(　　　　) one-eighth of the world's
population lives there. The northern and
western parts of the continent are generally
(　　　　) and more level than the eastern
and southern areas. Africa is the (　　　　)
continent and most of its mountains are not
(　　　　) (　　　　) (　　　　) those on
other continents.

(5) 音読タイム記録　必要に応じて活用

音読タイム記録表　　　目標タイムを目標に正確に読めるように練習をしよう！！

タイトル	目標タイム	1回目	2回目	3回目	4回目	5回目	チェック欄
Africa							
	秒	秒	秒	秒	秒	秒	

(6) 和訳スクリプト

アフリカは世界で2番目に大きな大陸です。50以上の国々が大陸を構成しています。世界の人口の8分の1以上がそこに住んでいます。大陸の北と西の部分は、一般的に東と南の地域よりも低く、より平地になっています。アフリカは最も古い大陸です。そのため、ほとんどの山は他の大陸の山ほど高くありません。

6. 本時の活動指導計画

生徒の活動	教師の指導・支援	評価
・挨拶をする。	・挨拶をする。	
Pre-TASK 1. Q&A for schema activation ・質問についてのペア→グループワーク	1. アフリカの写真を示す。 言語活動 ・質問する（口頭）： What do you see in the picture? Where are they? What are they doing? ・他の Oral-Interaction： 　いくつか文章をもとに質問してもよい。 How many countries are there in Africa? など	
2. Words & Idioms 意味を確認して、音声化ができるようになるまで練習する。（T → ss, s ⇔ s) 	2. 単語・表現確認 指導 スライドの単語・表現の意味及び音声上の確認をする。 ・ボキャブラリーシートを配付して口頭の指示で、音読活動に取り組む。 ・パターンに応じて、全体→個人→ペア（グループ）で音読させる。英→英、英→日、日→英。 ・一覧タイプのフラッシュカードを活用して練習してもよい。	A①
While-TASK 1. Listening (1) Listening ① 　生徒たち：わいわいがやがや。	1. 軽くリスニング (1) Listening ①概要 言語活動 　次の文を提示して、生徒たちはまず自分で、次にペアで考えて、その後に生徒たちから答えを発言させる。 This tells us ( ) has many ( ) and ( ). ＊順に Africa、countries、people ＊選択式で提示してもよい。その際、他の語（例：animals、houses）を加えてもよい。	A① A② B① C①
(2) Listening ② 　1）1人で取り組む 　2）グループワーク 　3）Self-evaluation	(2) Listening ②要点 「要点」とは「話し手が伝えようとする最も重要なこと」である。このリスニングテキストでは要点は特定しづらいが、p.37の要点に導くための質問を通しての理解で要点を捉えることを求める。 1）まず1人で取り組む。 2）質問が書かれたカードを配付して、グループで、役割分担（仕切り役、答えを書き留める役、答えを発表する役）や内容も考えさせて、生徒同士で取り組ませる。 3）自己評価：Self-evaluation この段階でどれくらい聞けているかをとどめておいて、最後に伸びを確認させる。	A① A② B② C②

学習指導案作成上の留意点と指導のコツ	時間
	導入 挨拶 1分

・他の地図や写真を使ってもよい

南アフリカ
ケープタウン

ボキャブラリーシートの作り方
　なかなか単語はどうしても覚えにくいものです。Quizlet, Kahoot のソフトなどを活用
して確認してもよい。https://quizlet.com/ja　https://kahoot.it/
・できるだけミニフレーズで覚えることやクイックレスポンスを意識させることが大切
である。
・一覧タイプのフラッシュカードは、1枚のシートに単語をまとめてランダムに現れるよ
うに見せる。

<u>「概要や要点を把握することの指導（『学習指導要領』）</u>
　話の概要を捉える際にはどのようなことが話されているかを考えながら，話の要点を
捉える際には話し手の最も伝えたいところはどこかなどを考えながら，会話や説明な
どを<u>聞くように生徒にあらかじめ伝えておく</u>ようにする。

<u>聞くことで「理解した」とは？（『学習指導要領』）</u>
　聞いた内容を話したり書いたりして説明することができる段階まで至ることを「理解
した」状態であると考えることもできる。ただし，この事項はあくまでも「聞くこと」
であるため，この活動での「話すこと」や「書くこと」においては，例えばひな形を
与えたり，単語のみでの発話や筆記を許容したりするなど，「話すこと」や「書くこと」
の活動に対するつまずきを極力軽減する配慮が必要である。

<u>要点に導くための質問</u>
　1) Is Africa the largest continent in the world?
　2) Are there 50 countries in Africa?
　3) Do a lot of people live in Africa?
　4) Is the north part of Africa generally lower?
　5) Is Africa the oldest continent?

3) Self-evaluation
　聞く活動の途中であるので，大雑把に自分の到達度を確認する程度にとどめる。

1. 概要が理解できている。	1-2-3-4-5	
2. 要点が理解できている。	1-2-3-4-5	
3. 聞いた内容を伝えることができる。	1-2-3-4-5	

時間欄：展開 5分 / 20分

2. Challenging listening ・4つのパターンでしっかりと本文を聞きながら内容も理解する。 ①文字が流れる（エンドロール風） ②消しながら（文字を消しながら音声を再生） ③現れ消えて（文字が現れては消えていく） ④タイマー設定（カウントダウンで速読訓練）	2. がっつりリスニング　　　[言語活動] ・口頭の指示で、リスニング活動をしながら内容の理解に取り組む。 ・4つのパターンでそれぞれ2回ずつ取り組む。1回目は声を出さないで聞くことを重視させて、2回目は声を出して一緒に読んでもよい。 ①英文が下から上に流れる。速度は変更できる。 ②前から英文が順番に消えていく。速度は変更できる。 ③最初から順番に発音される部分のみが現れる。速度は変更できる。 ④カウントダウン形式で時間が表示される。	B① B② C① C②
<u>Post-TASK</u> 3. Reading 音声を聞きながら穴埋め問題に取り組む	3. Reading　　　　　　　　[指導] Columnar reading で英文理解 ①空所補充（確認：s ⇔ s） ②音読（T → ss, s ⇔ s） 　・口頭の指示で、活動に取り組む比較の表現を確認しながら内容も確認するようにする。 　＊「X 番目に〜」「〜以上」の表現に注目させる。	
4. Use 1. ブラジルは世界で5番目に大きな国だ。 Brazil is the ( )( )( ) country in the world. 2. 南米には10か国以上の国がある。 There are ( )( ) ten countries in South America.	4. 文法事項を使う　　　　　[指導] 「X 番目に〜」「〜以上」の表現ができるようになりましょう。刷り込みが足らないようならまずは次の文を Read and Look up ・Africa is the world's second largest continent. ・More than 50 countries make up the continent. ＊自分の考えをもとに比較の文を完成させることにより、思考力・判断力・表現力の育成を図る。 Read and Look up 		教師の発声・指示	生徒の活動
Step 1	Read.	頭を下げて、熟読して理解する。 （覚えこもうとせずに覚えてしまうのがいい。）
Step 2	Look up.	頭を上げる。
Step 3	Say.	英文を音声化する。		A① A②
5. Listening Africa is the world's second ( ) continent. ( )( ) 50 countries make up the continent. ( ) ( ) one-eighth of the world's population lives there. The northern and western parts of the continent are generally ( ) and more level than the eastern and southern areas. Africa is the ( ) continent and most of its mountains are not ( )( )( ) those on other continents.	5. Listening　　　　　　　[言語活動] ①音読（T → Ss）でも構わない ②空所補充（確認：s ⇔ s） ・口頭の指示で、活動に取り組む。1つずつ、個人内活動、ペア→グループワークで進める。 ・最後に再度本文を聞き、比較に関する表現を聞き取り、書き込む。	A②
6. Self-evaluation 1. 概要が理解できている。 　　　　　　1-2-3-4-5 2. 要点が理解できている。 　　　　　　1-2-3-4-5 3. 聞いた内容を伝えることができる。　　1-2-3-4-5	6. Self-evaluation 今日の授業でどれくらい聞けるようになったかを最後に伸びを確認させる。	B① B② C① C②
<u>SUMMARY</u> ・動画コンテンツを見る（見られない部分は自己学習！） ・挨拶をする。	・動画を少し見せて、自己学習につなげる。 ・挨拶をする。	

４つのパターンの上手な授業での使い方

○４つのパターン

① 文字が流れる（エンドロール風）別名スターウォーズ読み映画のエンドロール風に読むことができる。雰囲気づくりに最適なパターンである。
- ① 開始⇒スライドイン継続（10秒程度、適宜変更）
- ② 終了⇒スライドアウト（開始は前の動作の後に設定）

② 消しながら（文字を消しながら音声を再生）
音声の再生にアニメーション効果を設定。開始を前の動作と同時にする。音声教材のスピードに合わせて、消えていく文字のスピードを合わせる。最初から完璧には合わせられないので、やや遅めにして、音声より、文字が消えるのを遅くすると、文字情報が目に残るので、オーバーラッピングの訓練に使える。

③ 現れ消えて（文字が現れては消えていく）
アニメーションの複数
- ① 開始　⇒　ワイプ　　　追加
- ② 終了　⇒　ワイプ　　　開始：直前の動作と同時、継続時間を同じにする。遅延を考えて設定することがポイントである。マニアックなファンも多いパターン。

④ タイマー設定（カウントダウンで速読訓練）
１枚目は、何か準備させる構えをさせるために、絵や、文字などをいれておくとよい。画像は、アニメーションGIFにしている。これを一画面に貼り付けて使っておくと便利である。タイマー設定は、最も多くの方が使っている。

○４つのパターンの上手な授業実践
・音読記録表を用いて自分の音読スピードを記録させてもよい。この後の活動でも随時記録させてもよい。
・どのパターンからでも構わない。また個人やペアは時間によってはなくても構わない。
・スクリプトを配付して、natural speed で聞きながら英文を確認させてもよい。
・内容も理解させるようにする。
・全体→個人→ペア（グループ）で音読させてもよい。方法はこの順番でなくても構わない。

○４つのパターンの上手な応用例
・読解に関する活動として、スキャニングをさせる。
・「ｂ消しながら」でオーバーラッピングさせるなどすると効果的である。

> オーバーラッピング
> ・英語のスクリプトを確認しながら聞こえてくる英語音声と同時に発音練習をする方法。
> ・実際の英語の発音やアクセント、抑揚、リズムなどを身に付けることができる。
> ・単語の語尾の音に変化が起こる英語に慣れることができる。

20分

『英語デジタル教材作成・活用ガイド』について
・「4つのパターン」以外に、テキストの一部をかくしたり、スラッシュリーディングなどもあるのでモチベーションの維持に授業ごとで使い分けることをおすすめする。
・入試の速読練習のパターンを使うと効果的である。
・データは、たいていPDFになっているので、必要な個所を指定して、スナップショットで切り取る（写真扱い）。装飾したり、アニメーションを使うには、テキストにする必要があるので、その場合はタイプしなおしたり、PDFのデータをコピーしてそのまま、テキストにできるものもあるのでそれを活用したりする。

整理
挨拶
4分

コラム　Read and Look up

　Micheal Westが考案しました。日本では教科書本文をフレーズに分け、和訳を付けたワークシートを用いて行う場合が多く、教師対面型では次の手順となります。

　教師がRead.と指示し、生徒は黙読します。音読の準備ができた頃合いを見計らって、教師がLook up and say.と指示すると、生徒は文字を見ず視線をあげて音読します。生徒がペアで対面して行う方法もあります。Aが黙読し、ほぼ言えるようになるとBを見て音読します。Bは対訳シートで正確かどうか確認します。間違いがあれば、Try again.と言って、Aに再挑戦させます。

　Westは、書かれたものを姿勢も含めて相手に効果的に話すための訓練として考案しました。1人で行う場合は、鏡を利用することも提案しています。

　野呂（2012）は、この練習法のポイントとして、「誰かに話しているように」行うことの大切さを述べています。文字から目を離してスラスラといかない場合は、その部分の単語、熟語や文法の理解が不完全な場合です。文字から口でなく、文字から頭、そして口への連携が問われることになります。要領をつかむと、フレーズをつないで行うこともできるようになります。また、音読への移行の速度も速くなります。短期記憶の容量を増やし、性能を向上させるよい訓練です。普段の授業で取り入れておくとプレゼンテーション、スピーチなどの機会に効果を発揮します。スクリプトの暗記がしやすくなり、実際のパフォーマンス時の自信度も高まります。

　様々な実践での、「聞き手のメモの状況を確認し」ながら、キーワードを参考にレポーティングする際にも有効です。

コラム	ペアワークを機能させるコツ

(1) コツ１：作り方

　1）近くの学習者同志

　2）くじびき（ICT活用も可能）

　3）学習者に決めさせます。このグループでどこで活動をするかも
　　明確に簡潔に伝えます。

(2) コツ２：緊張感

・ペアワークは仲の良いメンバーだと緊張感がなくなり、キチンと課
　題を行わないという声も聞きます（日常での人間関係が授業に持ち
　込まれることは避けられない場合もあります）。目的を持ったペア・
　グループワークを導入することで目的をもった活動からクラスや授
　業の雰囲気も良くなると考えます。

・知らない人と知り合えることと知らない人と話さないといけないこ
　とのどちらの気持ちにさせることができるかは、やはり楽しくさせ
　ることである。

・カードを持ったペアを探すペア探しゲームなどでペアを決めても構
　いません。

〈発展学習〉さらにレベルを上げる場合は、次のようなTASKが考えられます。

1　Write and Exchange opinions

　自分（クラス）をテーマにしてlargest、more than、lower、oldest、(not)
as high asのどれか１つの比較の表現を使った英文を２つ以上作成します。そ
の後ペアで発表して質問し合います。最後にクラスで発表しても構いません。

効果 学習した文法事項を身近なテーマを使って表現することで定着を図りま
　　す。

[生徒の活動]

（1）Writing　上述のどれか1つの比較の表現を使い自分（クラス）をテーマ
にした英文を2つ以上作ります。口頭の指示で、活動に取り組みます。個
人内活動、ペアで進めます。

①英文を2つ以上作成します。

②ペアを作りスピーカーと聞き手を決めます。

③スピーカーが1文話します。　　④ペアと聞き手を交代して実施します。

[コラム]　**教育機関のICT環境は、これからどのように進んでいくのであろうか？**

　新学習指導要領では、情報活用能力を学習基盤と位置付けています。
小学校でのプログラミング教育の開始、高校での教科「情報Ⅰ」必修
が好例です。このようにICT環境の必要性はかなり高まっていること
は確かです。文部科学省は2019年12月19日、「GIGAスクール構想」
の実現に向けてGIGAスクール実現推進本部を設置し、施策パッケー
ジを公表しました。そこでは特に次の3つが重要なポイントとなって
います。

ポイント1.「児童生徒1人1台コンピュータ」の実現を見据えた施策
　　パッケージ（案）：令和5年度までに、小・中学校の全学年で児童・
　　生徒に1人1台を達成することを筆頭に、ハード面、ソフト面、指
　　導体制の3点についての施策案。

ポイント2.「GIGAスクール構想の実現」：児童・生徒1人1台のコ
　　ンピュータの整備、校内通信ネットワークの整備、補助対象や予算
　　申請など。

ポイント3.「GIGAスクール構想の実現パッケージ」：学習者用端末
　　（Windows、Chrome OS、iPadOSなど）の標準仕様や校内LANのモ
　　デル調達仕様書、クラウド活用を前提とする「教育情報セキュリティ
　　ポリシーに関するガイドライン」の改訂や「教育の情報化に関する
　　手引き」の公表、総務省や経済産業省の施策との連携など。

(2) Exchange opinions

①スピーカーが1文話します。　　　　②聞き手が質問します。

③質問に対してスピーカーが答えます。

④ペアと聞き手を交代して実施します。

2　CNN News

　少し難しいが中学生でも一度は生のニュースに触れる機会を与えてあげるとよいと考えます。ここではCNNの携帯電話をテーマにした英文を使います。CNNアンカーになりきります。発表会を実施します。

効果　中学生もノリで頑張ることができます。まさにまねることから始めます。

生徒の活動

(1) Parallel reading　ゆっくり→ナチュラルの順番で実施します。そのあとパラレルリーディング（オーバーラッピング）も同様にゆっくりからナチュラルで実施します。個人、ペア、グループで本文の読みを練習します。

コラム　　クラウド利用

　「クラウド」とは、自分のパソコンや携帯電話などの端末ではなく、データをインターネット上に保存する使い方やサービスのことです。自宅、会社、学校など、様々な環境のパソコンや携帯端末からでも、データの閲覧や、編集やアップロードができます。クラウド（雲）の中に移動させて、必要に応じて取り出すことが可能です。教育分野では授業支援（e-learning学習、反転学習など）や校務支援（出席管理や情報の共有など）が可能になります。ビジネスの世界ではパブリッククラウドを活用してコスト削減、業務効率化は当たり前になっています。セキュリティが心配なので使わないという意見もありますが、強固なセキュリティを用いているサービスも多数あります。

(2) 全文をCNNアンカーになりきって発表します。動画を撮影して発表して
もよいでしょう。

It's been called the first of its kind: New South Wales in Australia now has cellphone-detection

cameras to crack down on drivers illegally using phones behind the wheel. The government says

the cameras will use artificial intelligence. If caught, drivers could face several hundred dollars in

fines and penalty points on their license. In a test run earlier this year, officials said, the technology

caught more than 100,000 drivers using their phones.　　　≫ **72 words** ／ **29 secs.** (December 2, 2019)

出典：『CNN Worksheet（デジタル教材）』朝日出版社

---

3. 正攻法の読むこと（高1）

---

1. 授業のねらいと学習指導要領

　内容に関心を向けつつ説明文を読んで、言語活動を通して、思考を深める授
業をめざします。

　英語コミュニケーションⅠの「読むこと」に関しての本時の目標は、「イ
社会的な話題について，使用される語句や文，情報量などにおいて，多くの支
援を活用すれば，必要な情報を読み取り，概要や要点を目的に応じて捉えるこ
とができるようにする」です。その「読む目的」としては、①必要とする情報
を探す、②読み取った内容の概要あるいは要点を口頭で誰かに伝える、③読み
取った内容を書いてまとめる、④読み取った内容についての感想や賛否の意見
などを発表することと捉えます。

　また、言語活動については、「(イ) 社会的な話題について，必要に応じて，
別の語句や文での言い換えや，書かれている文章の背景に関する説明などを聞
いたり読んだりしながら，論証文や報告文などから必要な情報を読み取り，概
要や要点，詳細を把握する活動。また，読み取った内容を基に考えをまとめ，
話したり書いたりして伝え合う活動」に沿って、授業を進めます。

　上記の活動を経て、本文最後の*There must be some ways to generate electricity in everyday life.*に着目させて、これについて、話したり書いたりして伝え合う活動を通して、思考を深める授業をめざします。そのためには、思考を深めるための仕掛けが重要であると考えます。

　生徒が内容に関心を向けて、読んで理解して、思考を深めることで、主体的・対話的で深い学びを生徒たちが達成するように、オーソドックスに授業を進めていきます。

2．授業の題材・教材

　本時の教材は、エネルギーを再生可能エネルギーと再生不能エネルギーに分類して、その好例を取り上げて、それぞれの長所と短所を比較・検討して、短所の克服を考えるという説明文です。

　主な内容については、慣れ親しんでいるエネルギー問題であり、予備知識を越えるような専門的な事柄は含んでいないと考えられます。よって、言語活動を通して、英語を英語として読む、文脈を読み取る、さらには読んで考えるという学習が期待できます。

　この説明文を読むためには、エッセイの構成の正確な理解が求められます。第1パラグラフの最後には疑問文でthesis statement（論旨）が提示されて、エネルギーの獲得という説明文全体を貫く着眼点を提示しています。第2パラグラフでは、エネルギーを再生可能エネルギーと再生不能エネルギーで示して、その例示をしています。第3パラグラフでは、それぞれのエネルギーの長所と短所を述べています。第3パラグラフは短所で終わって、それに対処する方法を考えるという第4パラグラフにつながっています。その第4パラグラフの最後の文で、その対処方法への思考へと誘うように締めくくっています。これらを適切に理解しつつ、思考を深めることへと誘う授業展開が望まれます。

Electricity is very important in our daily lives. Thanks to electricity, we can use air-conditioners, ride electric bicycles, and communicate with smartphones. How do we generate electricity?

We can generate electricity from two types of energy sources: renewable and nonrenewable. One type of renewable energy source is solar energy from the sun. Nonrenewable energy sources include fossil fuels such as oil.

Both types of energy sources have advantages and disadvantages. Solar energy is an environmentally clean type of energy, but unfortunately, at night, it cannot generate electricity. In contrast, power plants can use oil to generate electricity at any time, but this process produces and emits CO_2 into the air. This is a major cause of global warming.

Can you think of other ways to make electricity? There must be some ways to generate electricity in everyday life.

コラム 齋藤榮二先生推薦のCaption Method（キャプションメソッド）

　その名のとおり映画の字幕のように提示する方法です。これは、言語活動で「使いたい単語があるが出てこない、わからない！」という場合のお助けの方法です。

例　生徒：I bought a スマホ.…………未知語は日本語で言ってよいという約束。

　　先生：My! You bought a *smartphone*.…このように口頭で反応する。

　　＊先生は スマホ→smartphone と板書して、smartphone のコーラスリーディングをクラス全体で数回やる。

　　先生：What did you buy?……………同じ生徒に尋ねる。

　　生徒：I bought a smartphone.………「よくできました！」

　この後コーラスリーディングを数回するとよいです。文の一部や文もこの方法でできます。

　この方法により、①安心してどんどん発話ができる、②クラスのムードがよくなる、③生徒の表現が豊かになるなどが期待できます。だからと言って、欲張ってここから発展させようとはせず、生徒たちが「できた！」というよい気分のまま、次に進むのもコツです。

3．本時の目標

　エネルギー問題について、作者の意図を探りながら、現状を知り、エネルギー問題の解決を模索するために、多くの支援を活用して、必要な情報を読み取り、概要や要点を捉えるとともに、捉えた内容を基に自分の意見を発表したり、書いたりすることができる。

4．本時の評価規準

A　知識・技能	B　思考・判断・表現	C　主体的に学習に取り組む態度
①〈知識〉連語及び慣用表現の意味や働きを理解している。 ②〈技能〉連語及び慣用表現などの意味や働きの理解をもとに、エネルギーについて書かれた文章の内容を読み取る技能を身に付けている。	①自分の意見を発表したり、書いたりするために、エネルギー問題についての文章を読んで、必要な情報を読み取っている。 ②自分の意見を発表したり、書いたりするために、エネルギー問題についての文章を読んで、概要や要点を捉えている。	①自分の意見を発表したり、書いたりするために、エネルギー問題についての文章を読んで、必要な情報を読み取ろうとしている。 ②自分の意見を発表したり、書いたりするために、エネルギー問題についての文章を読んで、概要や要点を捉えようとしている。

5．準備

（1）ハンドアウト

1）Vocaburaly Sheet（TODAY'S Vocab.）

Keyword	Category	Definition	Use in a sentence
electricity			
thanks to~			Thanks to you, ...
air-conditioner			
electric bicycle			
smartphone			
energy	名詞		
renewable energy			
non-renewable energy			
energy source		エネルギー資源	

2) Columnar reading

Electricity is very important in our daily lives.	(　　　)は私たちの日々の生活でたいへん重要です。
Thanks to electricity,	電気の (　　　　　)、
we can use air-conditioners,	私たちは、エアコンを使い、
ride electric bicycles,	電気自転車に乗り、
and communicate with smartphones.	スマホでやりとりができます。
How do we generate electricity?	どのようにして電気をつくることができるのですか。
We can generate electricity	私たちは電気をつくることができる
from two types of energy sources:	2種類のエネルギーから
renewable and nonrenewable.	再生可能エネルギーと再生 (　　　) エネルギーの。
One type of renewable energy source	再生可能エネルギーの1つの種類は、
is solar energy from the sun.	(　　　) からのソーラーエネルギーです。

3) Graphic organizer（visual organizer とも言います）

① Text flow

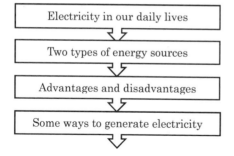

Electricity in our daily lives

Two types of energy sources

Advantages and disadvantages

Some ways to generate electricity

② Advantages and disadvantages of energy

	Renewable	
		Fossil fuels such as oil
	Solar energy is a clean type of energy.	
Disadvantages		The process emits CO_2 into the air. / A major cause of global warming.

（2）スライドなど

1）Power plants

2）Making electricity：Electric walk

参考提示
用資料用

コラム　**プレップ法（PREP）**

　はじめに要点（結論・主張）を伝えてから、結論に至った理由を説明し、理由に説得力を持たせる事例やデータを提示した上で、最後にもう一度要点を述べます。プレップ法を用いると、コミュニケーションが円滑になります。その理由は「聞き手にストレスがかからない」「不要なやりとりが減る」「自分の考えを整理する習慣がつく」という3つの利点があります。日本語での論理展開は「起承転結」が一般的です。前置きが長々と続き、相手の気持ちをほぐし、探ってから、さりげなく自分の言いたいことを言うという方式です。最後までこないと、何が言いたいのかが不明なことが多いのです。同じ方式で英語を用いたコミュニケーションに取り組むと、受け手にはストレスがかかり、時間の無駄が多く、洗練され効果的なコミュニケーションからはほど遠いものになります。早い段階の簡単な内容から、プレップ法を使いこなすようにします。高度なディスカッション、ディベートの基本もプレップ法にあります。

6. 本時の活動指導計画

生徒の活動	教師の指導・支援	評価
・挨拶をする。 ・前時の内容の質問に答える： T→ss、s⇔s	・挨拶をする。 ・前時の内容に関する復習のために質問する。	
Pre-TASK 1. Q&A for schema activation ・質問について T→ss, s→s, s⇔s など ＊Electric walk は適宜活用してください。	1. スキーマの活性化　　　　　[言語活動] ・それぞれの写真について口頭質問する： Have you ever seen this?（全体を指示しながら） What is this? What is this used for? What is giving out from the top?	
2. Oral-interaction ・それぞれのエネルギーとその長所・短所を理解して、短所の解決を模索するように誘う。 ・TODAY'S Vocab. : Keyword electricity thanks to～ air-conditioner electric bicycle smartphone energy renewable energy non-renewable energy	2. オーラルインタラクション　　[言語活動] ・生徒と本時の教材の距離を近づける。 ・生徒と教師の双方向のやり取りを中心に行う。 ・言語材料は本時の教材で扱う文法事項や単語・熟語を精選する。TODAY'S Vocab.を有効に使う。 ・写真等を活用する。 ・それぞれのエネルギーの長所・短所の理解を促す。 ・基本的な語句や文での言い換えを求める。	A①
3. Words & Phrases ・意味を確認して、音声化ができるようになるまで練習する。(T→ss, s⇔s)	3. 単語・表現確認　　　　　　　[指導] ・「2. オーラルインタラクション」の単語・表現の意味と音声の確認をする。	A①
While-TASK (1) Reading: SKIMMING ・Fill in the blanks. Electricity in our daily lives Two types of energy sources Advantages and disadvantages Some ways to generate electricity ＊まずはじっくり考えさせましょう。	(1) Reading：スキミング　　　　[言語活動] ・読解に関する活動として、まずは概要レベルの理解を求める。そのためにスキミングを採用する。 ・この前段階の「3. 単語・表現確認」をしないでこの段階に進むという選択もある。 ・ここではgraphic organizerを使うので、「どのようにすると深い思考に生徒を誘えるか」を考えることが必要である。	A② B① C①
(2) Reading: SCANNING1 ①Put a circle on a word or a phrase meaning time. ②Put a triangle on a word or a phrase meaning a type of energy. ＊個人内活動→ペア→グループワーク ＊まずはじっくり考えましょう。	(2) Reading：スキャニング1　　[言語活動] ・読解に関する活動として、細部や要点の理解を求める。そのためにスキャニングを採用する。 ・口頭の指示で、活動に取り組む。1つの指示につき、個人内活動→ペア→グループワークで進めるも可。 ・まずはじっくり考えさせる。	A② B① C① B② C②

学習指導案作成上の留意点と指導のコツ	時間
・チャイムと同時に、明るく、さわやかに、授業を始めましょう。Good morning! などが大切。 ・教室の整理整頓が行き届き、生徒の机の周りや黒板がきれいかを、授業前に確認しましょう。 ・どの生徒も元気にしているかどうかなどは、見て見ぬふりで授業前には観察しておきたいものです。	導入 挨拶 1分 復習 3分
スキーマの活性化 ・生徒にスキーマがなければその活性化はありえません。これが意外と盲点ですので、まずその確認が必要です。また、簡単に活性化しないと考えて、活性化にむけてうまく仕掛けることが大切です。 　　＊スキーマ：背景知識のことで、語彙・文法などの形式スキーマと一般常識などの内容スキーマに分類される。 ・写真の提示の仕方は様々で、うまく提示することで生徒たちは授業にぐっと集中します。提示方法： 　―それぞれの写真で、少し見せて、全体を推測させる、 　―1枚目を見てから、2枚目を推測させる、 　―「もし3枚目があれば、それは何の写真か」を推測させる、など。 **オーラルインタラクションのコツ**（「生徒が、教師の英語の世界で、楽しんでいる！」ために）： ①教師がひとりでしゃべる時間ではない、教師の話す時間は短く、簡潔に。 ②生徒の様子を見ながら、うまい指名と「間」に十分気を付ける。 ③生徒をうまく巻き込む。T → ss, s → s, s ⇔ s などを使い分ける。 ④新出単語などもうまく使う。キャプションメソッド（p.46）などで。 ⑤すべての生徒がわかるような英語（易しい表現、短い文）、イラストまたは ICT を使う。 ⑥発話に使った単語が提示されていたら、指示する、○で囲む、また、リピートするなど。 ⑦話の展開を図示したり、語句を順に書いたりして、展開を追えるようにするなど。 ・意味確認と音声化ができるように（さらには使うことができる）なることが大切。常に、目的は何かを念頭に、活動を考えてください。	展開 10分
Skimming ・テキストの全体像をつかむことを求めます。適切なタスクを与えないと、全体像をつかむという活動が機能していることにはならないので、このように図示することで、生徒はうまく活動に参加できます。 ・枠を与えてその中にすべてを英語で書かせる、英語を書いた図を作っておいてそれを黒板上で整除する、適語補充するなど、レベル設定により様々なバリエーションが可能です。逆に、何も与えず書かせる、相手と1つずつキーワードでやり取りをさせるなどの難化の仕掛けもあります。 ・通常、この skimming の後に、scanning で細部の理解を深めます。 **Scanning** ・欲しい情報を明確にして、それを明示することが重要です。 ・英語の指示で難しい場合は、日本語で「…を○で囲んでみよう」でもその目的は果たせます。他には「あなたが日常生活で使うものに下線を引いてください」や「形容詞を□で囲んでください」なども考えられます。常に、目的は何かを念頭に、活動を考えてください。	17分

SCANNING 2 ・Fill in the blanks. 	スキャニング２　　　　　　　　　言語活動 ・Graphic organizer を使って本文を読んで理解する。 ・空所を作っておいてその空所を補充する。表だけ 　を与えてそれを埋めるも可。 ・個人、ペア、グループでの活動があり得る。	A② B① C① B② C②
4.　Reading 3 	4.　Reading 3：Columnar reading　　　　指導 Columnar reading で英文理解 （1）空所補充（確認：s ⇔ s） （2）音読（T → ss, s ⇔ s） 「教科書を喰いつくせ！」の時です、しっかり英 語を頭に刷り込ませましょう。	A② B① C① B② C②
	［ちょっと一息］大意把握のためのタイトルの活動 ・大意把握ができているかをタイトルの問題で確 　認するのも OK！ ・タイトルを生徒が作る、教師が作り生徒が空所 　補充したり選択肢を選んだりなど様々。 ・優れたタイトルのポイント：too narrow や too 　broad ではいけない！	
5.　Reading 4 Q：What are "some ways" in the 　　text? 個人内活動→ペア→グループワーク ＊まずはじっくり考えさせましょ 　う。	5.　Reading 4　　　　　　　　　　言語活動 ・更なる思考を求める段階として、テキスト中の最 　後の文に着目させる：There must be some ways to 　generate electricity in everyday life. ・英文の some ways とは具体的にどのような方法が 　あるかについて検討する。 ・自分の意見をクラス発表する。	A② B① C①
Post-TASK （1）Language Focus：Intake reading 　　①徹底した音読練習。 　　②生徒にインテイク・リーディン 　　　グで表現の定着を図る。 　　　（T → ss, s → s, s ⇔ s） 　　　-thanks to ~ 　　　-in contrast 　　　- ~ ways to —	（1）Language Focus：インテイク・リーディング 　　　　　　　　　　　　　　　　　　指導 　　インテイク・リーディングで表現の定着（例）： 　　　-thanks to ~ 　　　-in contrast 　　　- ~ ways to —	A① A②
（2）Summary writing for today ・エネルギーの利用の在り方につい 　て 50 ～ 80 語程度のパラグラフで 　まとめる。 ・個人内でまず完結する。	（2）本日の要約　　　　　　　　　言語活動 ・エネルギーの獲得の在り方が喫緊の課題であるこ 　とを再確認させ、その解決への意識を高める。 ・自分の解決策を英語のパラグラフで（50 ～ 80 語 　程度で）書く。	
SUMMARY ・Summary writing for today をクラ 　ス内で交流する。 ・復習の確認。 ・挨拶をする。	・本日の要約の交流活動。　　　　　言語活動 ・復習事項の提示。 ・挨拶をする。	

・Graphic organizer を使ったスキャニングの活動です。
・Graphic organizer は、提示しようとする目的によって様々な形があります。いくつかの graphic organizer を組み合わせて提示することも可能です。
・例えば、Microsoft Word には SmartArt という graphic organizer 機能がありますので便利につくれます。オリジナルで、図形を貼り合わせても簡単に作ることができます。

Column の作り方
・英文と日本語文のコラムの作り方は目的により様々です。まず、空所がある英文では、ディクテーションをさせることもできるでしょうし、日本語文に空所を作っておいて意味の確認に使うこともできます。
・「揃える」場合に、英文は右揃えで日本語は左揃え、英文は左揃えで日本語は右揃え、どちらも中央揃えなどがあります。パソコンで簡単にできます。活動の目的は何かを念頭に作りましょう。

Columnar reading を使った活動
・例えば、1 人で、音読練習をした後で、日本語を見て英語でスラスラ言えるように練習をさせる活動が可能です。「個人内で学習は完結する」、クラスの静寂と生徒の真剣な表情が成功の証です。
・ペアワークで相手が言った日本語を英語で返す活動も可能です（後掲のインテイク・リーディングがこれに近い）。また、ペアが途中まで読み上げて、続きの英語を自分が言う活動もできます。いずれも学習活動ですが、よい活動ですので、教師が目的を明確に選択して、生徒にきっちり活動させましょう。

・「教科書を教えるのではなく、教科書で教える」と言います。当然ですが教師が教科書を読み込んでいる必要があります。読み込んでいると、教える材料がどんどん見つかるものです。単語や文法ばかりに目を向けるのではなく、内容に着目して、そこから学習を掘り下げるようにすると、生徒は、ICT 活用でインターネットサーフィンして、日本語のサイトから英語に進んだりして学習が深化するものです。これは学習指導要領がめざすところでもあり、CLIL（内容言語統合学習）そのものです。

インテイク・リーディング（齋藤，2011）	15 分

・英文が頭に沈められていて、自動化の段階まで達していないと、コミュニケーションはなかなか成立しません。齋藤榮二先生が提唱されたインテイク・リーディングはその解決になります。
・ただ、認知負荷が決して低くはありませんので、教師にはある種の覚悟が必要です。これで生徒を救えると信じることが必要です。
・ペアが起立して、向かい合って、適切な間隔で、テキストは後ろ手に、どんな誤りも許さず、と言った条件下で英文を覚え込ませます。頭にどんどん刷り込まれていくという達成感がある活動です。

○せっかくある一定のレベルまで達したのですから、きっちりまとめて、「ここまでできた！」をお互いに共有するチャンスを与えてあげたいものです。難易度の高いライティングができる生徒にはどんどんそのようにさせてやればよいでしょうし、そうでない生徒でもやれるところまでやらせてたっぷり褒めてやりませんか。

ただ単に誰かが発表しているということでは、よい活動ではありません。例えば、この活動専用の評価シートを作っておいて、それに評価を記入するなどの工夫が必要です。また、発表者を褒めることも必要ですね。	整理 3 分 1 分

4. 継続させる話すこと［やり取り］（中3）

1. 授業のねらいと学習指導要領

　中学校学習指導要領の「英語」において、「話すこと」は「やり取り」と「発表」に分かれています。「やり取り」の目標の1は「ウ　社会的な話題に関して聞いたり読んだりしたことについて，考えたことや感じたこと，その理由などを，簡単な語句や文を用いて述べ合うことができるようにする」です。これは「(ウ) 社会的な話題に関して聞いたり読んだりしたことから把握した内容に基づき，読み取ったことや感じたこと，考えたことなどを伝えた上で，相手からの質問に対して適切に応答したり自ら質問し返したりする活動」が言語活動として関連しています。

　本時では、社会で起こっている出来事や問題に関わる話題として、SDGs（後述）の目標の1つであるジェンダー平等に関する日本における現状について、生徒が理解することをめざします。そのために、ペアやグループで、ジェンダー平等を日本で達成するためにしなければならないことを読んで、それについて、意見などを述べ合います。

　SDGsとは、ミレニアム開発目標（MDGs）の後継であり、2015年9月25日に国連総会で採択された、人間、地球及び繁栄のための行動計画です。先進国でも開発途上国でも、だれ一人取り残すことなく、17項目の目標を達成するため、世界中で取り組みが行われています。日本においても、SDGsが企業のCSR活動やODA活動の目標として掲げられ、課題を解決するべく取り組みが行われています。授業では、SDGsの目標から、他国と比較して日本で取り組みが進ん

国連広報センター『2030 アジェンダ』

でいないと言われる「ジェンダー平等を実現しよう」をスピーキングの題材として取り上げます。

2.　授業の題材・教材

　SDGsの目標の1つであるジェンダー平等を日本ではどの程度達成できているかを、世界経済フォーラムが2020年に発表した世界ジェンダーギャップ報告書から読み取ります。そして、どうすれば、ジェンダー平等という目標が日本で達成することができるかについて意見を述べ合うことを促します。

Goal 5 of SDGs is Gender Equality. Do you think we have gender equality in Japan? "Global Gender Gap" in World Economic Forum 2020 tells us how much we keep gender equality in Japan. In fact, Japan is 121st out of 153 countries in the world. Especially, we have bad results in politics and economy. In other words, not so many women take part in politics and work as a company president in Japan. What do we have to do for Gender Equality?

3.　本時の目標

　SDGsの目標の1つであるジェンダー平等に関して読んだり聞いたりしたことについて、考えたことや感じたこと、その理由などを、簡単な語句や文を用いて述べ合うことができる。

4.　本時の評価規準

A　知識・技能	B　思考・判断・表現	C　主体的に学習に取り組む態度
①〈知識〉「主語＋動詞＋to不定詞」を用いた文の構造またはhave toの表現を理解している。 ②〈技能〉ジェンダー平等について、「主語＋動詞＋to不定詞」またはhave toを用いて自分の意見を即興で述べ合う能力を身に付けている。	社会的課題について適切に意見を述べることができるように、ジェンダー平等について読んで、自分の意見を簡単な語句や文を用いて述べ合っている。	社会的課題について適切に意見を述べることができるように、ジェンダー平等について読んで、自分の意見を簡単な語句や文を用いて述べ合おうとしている。

5. 準備

(1)【前時の指導】

　社会的課題について、充実した「話すこと」の「やり取り」を行う場合、必要な語彙も難易度が上がる場合が多いでしょう。このため、背景知識を学んでおくことが重要です。

　前時ではSDGsや目標5「ジェンダー平等を実現しよう」についてオーラルインタラクションやグループ活動により理解を深めます。あるいは、SDGsやジェンダー平等について、社会科や技術・家庭科で学習の機会を持つなど、教科横断的に学ぶことも効果的です。そのようにして、背景知識を持った上で、題材の語彙の意味や本文の意味を確認させて定着させる活動を行います。

(2) ハンドアウト：前時

① Vocabulary

Vocabulary	
gender（社会的文化的性）	result（結果）
equality（平等）	politics（政治）
gap（格差）	economy（経済）
World Economic Forum（世界経済フォーラム）	in other words（つまり）
	take part in〜（〜に参加する）
in fact（実は）	company（会社）
especially（特に）	president（社長）

② Columnar reading

Goal 5 of SDGs is Gender Equality.	SDGsの目標5は（　　　）です。
Do you think we have gender equality in Japan?	あなたは日本で（　　　）があると思いますか。
"Global Gender Gap" in World Economic Forum 2020 tells us how much we keep gender equality in Japan.	2020年に行われた世界経済フォーラムで発表された「世界の（　　　）」は私たちに（　　　）を伝えています。
In fact, Japan is 121st out of 153 coutries in the world.	（　　　）、日本は世界の153カ国のうち121位でした。
Especially, we have bad results in politics and economy.	（　　　）、（　　　）と（　　　）において悪い（　　　）でした。
In other words, not so many women take part in politics and work as a company president in Japan.	（　　　）、日本では、それほど多くの女性が（　　　）に（　　　）しておらず、（　　　）として働いていないということです。
What do we have to do for Gender Equality?	私たちは（　　　）のためにしなければいけないことは何でしょうか。

(3) ポスター：前時及び本時

①SDGs

②目標5「ジェンダー平等」

(4) ハンドアウト：本時

①Speaking 活動カード1

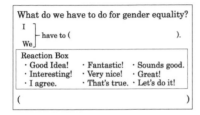

②Speaking 活動カード2

Speaking Card		
Name(　　)		
□ (		)
Name(　　)		
□ (		)
Name(　　)		
□ (		)
★Check the box☒ as the best idea.		

③Speaking 活動カード3

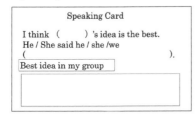

https://www.un.org/sustainabledevelopment/

6. 本時の活動指導計画

生徒の活動	教師の指導・支援	評価
・挨拶をする。	・挨拶をする。	
Pre-TASK 1. Review 1) SDGs の 17 項目について復習 　T → Ss、S ⇔ S など 　T: Have you ever seen this? 　Ss: Yes, I have. 　T: What is this? 　Ss: This is the goal for the world. 　T: Ask your partner which goal he or she is 　　interested in?	1. 前時の復習　　　　　　[言語活動] 　・Q&A 　　Have you ever seen this? 　　（SDGs の 17 項目のスライドを提示） 　　What is this? 　　Which goal are you interested in?	A ①
2) Gender Equality を阻む事例について 　T: Do you think why we don't have gender 　　equality? 　S: Because we have partner violence and 　　early marriage in the world.	・Gender Equality を阻む事例をポスター 　で復習 　Partner Violence　　　Politician 　Company president　　Early marriage	
2. Oral Interaction ・Keywords review (T → ss、s ⇔ s) 　Today's Vocab: 　・gender　・equality 　・gap　　　・World Economic Forum 　・in fact　・especially など ・Colum Review (T → ss、s ⇔ s)	2. オーラルインタラクション　[言語活動] ・生徒と教師の双方向のやり取りを中心に 　行う ・前時に学習した文法項目や単語・熟語を 　復習する	A ②
While-TASK 1. Speaking 1 ・「What do we have to do for gender 　equality?」への適切な応答が「I have to ～」 　や「We have to ～」であることを確認する。 ・応答への返答の例示の意味と発音を確認 　する。 　Good idea!　　Interesting.　I agree. 　Fantastic!　　Very nice!　　That's true. 　Sounds good.　Great!　　Let's do it!	1. Speaking 1：応答方法　　　[指導] ・「What do we have to do for gender 　equality?」への応答はどのようにすれば 　よいか確認する。 ・have to が適切に使用できるよういくつか 　例をあげる。 　-I have to tell my family the truth about 　Gender Equality in Japan. 　-We have to know about Gender Equality. ・応答に対して、どのように返答すればよ 　いかを例示する。	A ① A ② B C
2. Speaking 2 ・空欄に自分の意見を入れて即興で述べる 　ペア練習。 （例）S1: What do we have to do for gender 　　　　equality? 　　　S2: I have to become a company 　　　　president. ・相手の意見を聞いた後は、適切な応答を 　述べる練習。 （例）S1: What do we have to do for gender 　　　　equality? 　　　S2: I have to become a company 　　　　president. 　　　S1: Very nice!	2. Speaking 2：ペア活動　　[言語活動] ・空欄に自分の意見を入れて即興的に述べ 　るように指示。 ・相手の意見を聞いた後に適切な応答を述 　べるよう指示。 ○I have to become a company president in 　the future. ○We have to take part in volunteer for 　gender equality × I have to becoming a doctor to find partner 　violence. × We have to save forests.	A ① A ② B C

学習指導案作成上の留意点と指導のコツ	時間
・前時にSDGsの17項目について学習させ、題材のReading活動において単語・表現及び文法について既習のものとして取り扱う。	導入 挨拶 1分

1.
・どの項目に興味があるかを答えさせるときに例など述べさせるのもよい。
　（例）T: Which goal are you interested in? and Why?
　　　　S: I'm interested in Life on Land because I like walking in the park.
・いくつかの項目の事例をあげて、生徒に具体的に理解させるとよい。
　（例）Quality Education　　Everybody goes to school.
　　　　Life on Land　　　　We have to protect forests.
・クラスでの発言が進まなければ、速やかに生徒同士で興味のある項目について話し合わせるとよい。
　（例）T: Say to your group members, "which goal are you interested in?"

・英文には難しい単語が含まれているので、キーワードを示して関連する数値に着目させると日本語の適切な使用を避けられます。

| | 展開
5分 |

2.
・Speakingの活動で使う単語や表現をスムーズに使えるよう、発音が自信を持ってできるようしっかり発音させる。
・意味の確認や発音練習の間にあまり長い間をおかず、リズミカルに行うようにする。
・前時に取り扱ったColumの空欄部分の再確認を中心に、Speakingの活動で使う背景知識をしっかり復習させる。
・Speakingの活動で自分の考えを述べるヒントになるよう政治や経済の分野でのジェンダー平等について、例などを考えさせるとよいでしょう。

| | 5分 |

1. Speaking 1
・問いへの答え方として、「I have to ～」「We have to ～」を使うように導く。
　（例）T: Do you have any example about gender gap in economy?
　　　　S: We don't have many female company presidents in Japan.
　　　　T: Then, what we have to do?
　　　　S: I have to study hard to become a company president in the future.
・導き方として、生徒にどのような応答をすべきかペアで考えさせることもできるし、教員が提示することもできる。
・to＋原形になることを確認させる。
・応答への反応の仕方の発音と意味を確認させる。

【発展的な活動例】
・継続的なやり取りのパターンを例示
A: What do you have to do for gender equality?
B: We have to know more about gender equality.
A: Why do you think so?
B: (　　　　　　　　　　　)
A: What do you do about it?
B:(　　　　　　　　　　　)
※意見について、why, what, where, when, howなどの質問を続けて、理解を深める。

| | 5分 |

2. Speaking 2
・即興的なやり取りの練習を目的としているが、英語が苦手な生徒などには空欄に自分の意見を書いておいてもよいと個別に指示をするとよい。
・活動中は、活動内容の理解や、have toの適切な使用などをモニタリングして適宜机間指導。
・have toが適切に使えていない場合は、生徒の応答をその場で正す。
・活動内容が理解できていない場合は、英語で再度指示する。
・ジェンダー平等と関連性のない意見を述べている場合は、前時の内容が理解できていないと考えられるため、適宜補助的な説明を行う。
・やり取りの上で、相手の意見をまずは受け入れる姿勢を見せることはコミュニケーションを円滑に進めるためには重要なため、応答はすべて前向きなものとする。

| | 5分 |

3.　Speaking 3 ・「have to」と似たような表現を考える： 　must、should、can ・have to と似たような表現を使って自分の 　意見を考える。	3.　Speaking 3：他の表現での応答　　指導 ・「have to」と似たような意味の表現を確認 　する。 　◯ We must be careful for gender equality. 　◯ We should research more about gender 　　equality 　◯ I can take part in politics in the future. 　× I must have to work in United Nations in 　　the future. 　× We can watching more TV news about 　　gender equality ・have to と似た表現を用いた意見を考えさ 　せる。	A ② B C
4.　Speaking 4 ・自分の意見をクラスの3人に伝えて、相 　手の意見も聞く。 ・相手の意見を聞いた後は、適切な応答を 　述べる。 ・3人の意見をメモする。 ・クラスの3人に伝えた後は自席に戻るよ 　う指示する。	4.　Speaking 4：クラス活動　　言語活動 ・自分の意見をクラスの3人に伝えて、相 　手の意見も聞くよう指示する。 ・相手の意見を聞いた後は、適切な応答を 　述べるよう指示する。 ・3人の意見をメモするよう指示する。 ・クラスの3人に伝えた後は自席に戻るよ 　う指示する。	B C
Post-TASK 1.　Speaking 5 ・グループで自分が聞いてきた中で最もよ 　かった意見を述べる方法を学ぶ。	1.　Speaking 5：意見を共有する方法　　指導 ・グループで各自が聞いてきた中で最もよ 　かった意見を共有するよう指示する。I 　think 〜 's idea is the best. He/ She said	B C
2.　Speaking 6 ・グループで自分が聞いてきた意見を共有 　して、誰のアイデアが最もよかったか決 　定させる。 ・グループで最もよいと思うアイデアを発 　表する。	2.　Speaking 6：意見を共有　　言語活動 ・グループで各自が聞いてきた意見を共有 　し、どのアイデアが最もよかったか決定 　させる。 ・各グループが最もよかったと思うアイデ 　アを発表する。	A ② B C
3.　Speaking 7 ・have to でも似たような表現でも自分の意 　見を書く。	3.　Speaking 7：まとめ　　指導 ・自分の意見を空欄に書くように指示する。 ・have to と似たような表現を使った意見を 　空欄に書くように指示をする。	
SUMMARY ・自分の意見を書いたものを提出する。 ・復習の確認。 ・挨拶をする。	・自分の意見を空欄に書かせたものを提出 　するよう指示する。 ・復習の確認。 ・挨拶をする。	A ②

3. Speaking 3 ：　　　　　　　　　　　　　　　　　　　　　　　5分
・ペアでの練習が十分できれば、クラスでの活動で自信を持って意見を述べ合うことが
　できるため、ここでしっかり活動ができるよう、時間配分を多くとってもよい。発展
　的な活動例を実施する際は、会話例を示すとよい。
・生徒たちから have to と似た表現を挙げてもらう方がよいが、クラスの状況によって難
　しければ提示する。

【発展的な活動例】
・have to と似た表現のパターンを例示
A: We have to know more about gender equality.
B: Sounds nice! Why do you think so?
B: (　　　　　　　　　　　　　　)
A: What do you do about it?
B:(　　　　　　　　　　　　　　)
※意見について、why, what, where, when, how
などの質問を続けて、理解を深める。

・意見の内容が have to を似た表現に置き換えた
　だけでも良いとする。
・題材で取り扱われた have to の表現から、似た
　表現を学ぶことで表現方法に広がりを持たせ
　る。

4. Speaking 4　　　　　　　　　　　　　　　　　　　　　　　　　5分
・クラスの状況に合わせて、グループに分けて、グループ内で意見交換するとしても同
　様の効果は得られる。
・相手の意見に応答する際に、軽く笑顔で応答するように非言語的指導も行うとより交
　流が活発になる。
・自分の意見を述べるときは、have to でもそれに似た表現でも良いとする。
・自分の意見をペアで、そしてクラスメートへ伝える対象を広げることで、自分の意見
　をより自信を持って言えるように導く。
・発展的な活動例を行うときは、時間配分に気をつけて実施する。
・発展的な活動例を行うときは、why, what, where, when, how などの疑問詞を用いて質問
　をし、少なくとも3往復のやり取りをするよう指示すること。

1. Speaking 5　＊対話を継続させて集団で交換することが最後の目標です。　5分
・やり取りの上で、自分の意見を主張する
　ことも重要であるが、他人の意見を尊重
　して、他人の意見に良い点を見つけてコ
　ミュニケーションをより豊かにできるよ
　うに指導する。
・発展的な活動例を行うときは、必ず連続
　して同じ人が話さないようにして、理由
　を問うなどして、それぞれのアイデアへ
　の理解を深めていくように指導するこ
　と。

【発展的な活動例】
・継続的なやり取りのパターンを例示
A: I think Tomoya's idea is the best.　He said, "We
have to know more about gender equality."
B: Why did he think so?
A: He said he didn't know gender equality so much.
C: I don't think it's the best idea.　I think Yoko's
idea is the best.
D: Why do you think so?
※なぜ最もよい意見かを決めるために、そう思う理由
や他の意見の方が良いと考える提案などを行わせる。

2. Speaking 6　　　　　　　　　　　　　　　　　　　　　　　　　5分
・ペアからクラスメート、そしてクラス全体で意見を共有する広がりを意識して行う。
・生徒が考えたアイデアがクラス全体で共有されることで、主体的に意見を述べる動機
　を高め、自信を深める。

3. Speaking 7　　　　　　　　　　　　　　　　　　　　　　　　　5分
・Speaking 活動で述べていた自分の意見が have to などの表現を適切に使ったものであっ
　たか、振り返らせる。
・振り返らせる時も、have to を似た表現に置き換えただけでも良いとする。
・クラス全体でのアイデアの共有から、まとめとして自分のアイデアを振り返ることで
　視野が広がったことを実感できるように導く。

整理
4分

・各自の意見を書かせて、have to がきちんと使えているか確認し、個別の事後指導（間
　違えている箇所のフィードバックなど）に活用する。
・復習として、次の授業でいくつかの意見を共有することで、生徒の活動への動機を高め、
　クラス全体の理解を深めることにも役立つ。

5. 書きたくなる書くこと（高1）

1. 授業のねらいと学習指導要領

　高等学校学習指導要領における英語コミュニケーションⅠ「書くこと」の目標は、「イ　社会的な話題について，使用する語句や文，事前の準備などにおいて，多くの支援を活用すれば，聞いたり読んだりしたことを基に，基本的な語句や文を用いて，情報や考え，気持ちなどを論理性に注意して文章を書いて伝えることができるようにする」です。加えて、「使用する語句や文における支援を生徒が活用するためには，まとまった文章を書く際に有用な語句や文を提示するなどの配慮を教師が行うこと」「事前の準備における支援を活用するためには，書く内容についてペアやグループで事前に話し合ったり，伝えようとする内容のアウトラインを書いたりするための時間を十分確保することも含めた配慮を教師が行うこと」「論理性に注意するとは，できる限り論理の矛盾や飛躍がないよう，理由や根拠を明らかにするなどして，論理の一貫性に注意することである」とあります。

　さらにこの目標に関連する言語活動として、「(イ)　社会的な話題について，使用する語句や文，文章例が十分に示されたり，準備のための多くの時間が確保されたりする状況で，対話や説明などを聞いたり読んだりして，情報や考え，気持ちなどを理由や根拠とともに段落を書いて伝える活動。また，書いた内容を読み合い，質疑応答をしたり，意見や感想を伝え合ったりする活動」が示されています。

　授業では、教科書にある本文や文法書にある例文を単に暗記して試験に備えるのではなく、ある事柄に対する自分の意見や考え、気持ちを適切かつ論理的に表現することが重要であり、そのために教師は、生徒が英文を書く際に有用な必要最小限の語句や文を提示し、生徒が書きたいと思うトピックの導入方法を工夫するとともに、ペアやグループで協働して論理的に考えて書く練習の機会を提供することが少なくとも必要となります。

　したがって本授業では、提示されたトピックに対して、即興で、意見、理由または根拠を持つ力を高めるとともに、つながりのある文章で具体的に説明し、自分の意見を書くことをねらいとします。基本的な語句や文を用いて、情報を整理して、自分の考えや気持ちなどを、論理性に注意して文章を書いて伝える力の向上を目的とします。

　なお、学習指導要領では「文章を書いて伝える」とは「一つの段落の文章を書くことを意味しているが，必要に応じて複数の段落で書くことも考えられる」と明記されていますので、柔軟な教師の対応も必要です。

2.　授業の題材・教材

　教科書の中にあるトピックであっても、生徒へ唐突に英語で意見を書いてみなさいと指示をするだけで、容易に書けるものでありません。英文を書きなさいという指示の前に、既習事項のこの表現を用いると、このように英文を書くことができることや、論理マップなどを活用した思考整理法の紹介、生徒が書いてみたいと感じるようなトピックの提示の工夫、そして何よりも、すばやく自分の意見や根拠を持つという論理的思考のトレーニングを繰り返すことが必要です。

　ゆえに授業での題材は、制服の必要性などの生徒に関係のある身近なトピックから社会的トピックへ移行するよう工夫が必要です。自分に関連するトピックに対し、英語で思考して、表現することを反復することで、英語での論理的思考力の向上を徐々に高めることができます。

　本時を経て次回以降の授業の中で、十分に論理的思考のトレーニングを繰り返し、生徒に関係のある身近なトピックから社会的トピックへ移行させながら、Writingによる自己表現活動に必要な基本的な構成を紹介し、段階的に100 語程度の文章が書けるよう支援を継続することが肝要です。なお、教材は、Lesson11 Activity11 I believe everything has a positive side *Vision Quest* Ⅰ *English Expression* Ⅰ *Advanced*（啓林館）からです。

コラム　**ライティング力を高める3つのポイント**

　生徒のライティング力を高めるために、どのように指導すればよい
のでしょうか。ポイントは3つあると思います。①自分の意見を持つ
こと、②表現力を高めること、③英文を書く習慣をつけることです。
　制服の有無について自分はどう思うのかなど、大きな社会問題を考
えることも大切ですが、まずは自分のすぐ身近にある事柄に対して意
見を持つことが大切ではないでしょうか。意見を教室で共有すれば、
意見は1つではなく、多様な意見があってよいことに気づきますし、
その意見に対して理由付けができれば、論理的に物事を考えるキッカ
ケにもなります。中学校で習う基本的な単語の意味と使い方をおさえ、
ライティングに使えそうな教科書の中にある表現を書き留めておくと、
表現の幅も広がるでしょう。これを英語で表現してみたいという生徒
の知的好奇心を大切にしながら、生徒のライティング力を高めていき
ましょう。

---

3. 本時の目標

　制服制度の是非について、使用する語句や文、事前の準備などにおいて、多
くの支援を活用すれば、聞いたり読んだりしたことを基に、基本的な語句や文
を用いて、情報や考え、気持ちなどを論理性に注意して文章を書いて伝えるこ
とができるようになる。

4. 本時の評価規準

A　知識・技能	B　思考・判断・表現	C　主体的に学習に取り組む態度
〈知識〉 ①I agree や I disagree など意見を述べる際に使う表現や働きを理解している。 ②論理マップを使い、一貫性のある主張で段落を構成することを理解している。 〈技能〉 ③I agree や I disagree など意見を述べる際に使う表現や働きを活用する技能を身に付けている。 ④論理マップを使い、一貫性のある主張で段落を構成する技能を身に付けている。	制服制度の是非について様々なあり方を知り、多くの支援を活用すれば、情報や考え、気持ちなどを論理性に注意して文章を書いて伝えている。	制服制度の是非について様々なあり方を知り、多くの支援を活用すれば、情報や考え、気持ちなどを論理性に注意して文章を書いて伝えようとしている。

5. 準備

（1）ハンドアウト

①制服に関するデータ資料：「6 ケ国の高校生の制服に関する意識調査」

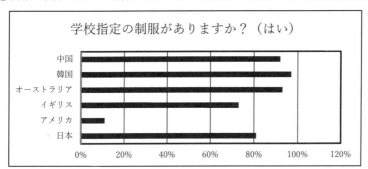

菅公学生服株式会社「6 ケ国の高校生の制服に関する意識調査」（2007 年）

（https://kanko-gakuseifuku.co.jp/media/homeroom/07925）

②論理マップ（ノートでも代用）

【Opinion】	
【Point 1】	【Point 2】
【Supporting reason 1】	【Supporting reason 1】
【Supporting reason 2】	【Supporting reason 2】

・論理マップ作成トレーニングの際、3秒以内にいずれかの意見を持つよう
　にします。理由は2つで10秒以内、根拠は2つで50秒以内などの時間
　を設定することで、メリハリがつきます。
・意見は本心でなくともよいことを事前に伝えておきます。論理的に展開し
　やすく発言しやすい方を選ぶのもテクニックの1つです。
・自分の意見や理由、根拠をすばやく持つことを主眼としているので、解答
　は日本語と英語が混ざっていても構いません。生徒の実態に応じて、調整
　します。

③本授業終盤に実施している Mini Presentation 後にする自己評価シート

	構成	言語使用
A (5)	結論に至るまでのプロセスが整理されていてわかりやすい。前後関係を必要かつ十分に書き、論理的に一貫している。	常に適切な語句を選び、すぐれて多様な表現を使い、文法的な間違いもあまりなく、全体の意味がよく分かる。
B (3)	結論に至るまでのプロセスの整理、前後関係、論理性にやや改善すべき点がある。	概ね適切な語句を選び、多様な表現を使い、文法的な間違いも少なく、全体の意味が分かる。
C (1)	結論に至るまでのプロセスの整理、前後関係、論理性にかなり改善すべき点がある。	適切ではない語句の選択が多く、多様な表現を使っているとは言えず、文法間違いも多い。
自己評価項目		

④Writingによる自己表現活動のUseful Expressions

Introduction（導入）
Topic sentence（自分の意見・主張）：書き手が伝えたいメッセージを述べている文です。論理的思考のトレーニングを活かし、そのテーマに対して自分がどう思うのかを書きます。 -I agree with this idea that ....   -I do not agree with this idea that .... -I think that ....   -I do not think that ....
Body（自分の意見・主張を支える部分） Supporting sentences：具体例や理由などを示し、トピックセンテンスの主張を支える文です。自分がなぜそのような意見を持つのか、そのように主張するのかを、読み手にわかるように説明します。 - 主語＋動詞〜 because....   または 主語＋動詞〜 . It is because.... -One reason is that ....   Another reason is that ....
Conclusion（自分の意見・主張を再度結論づける） Concluding sentence：自分の意見・主張を再度整理してまとめます。 -I suggest that ....   -I propose that .... -It would be better to 〜 .

コラム　段落、パラグラフ、エッセイの基本

段落：日本語の文章で使います。意味段落と形式段落などの区別があります。原稿用紙上、通常1マス下げて書き始めます。

Paragraph：パラグラフ。文が集合してできた1つのまとまりで、筆者が言いたいことが1つ書かれています。全体の統一（unity)が必要で、それにはcohesion（結束）やcoherence（首尾一貫性）が関係します。通常5〜7文字（letters）分を下げで書き始めます（indent)。導入、展開、まとめで構成されます（それぞれ、introduction、body、conclusion)。パラグラフの最初、つまり導入の最初には、そのパラグラフを表すtopic sentenceがあります。それをbodyの2〜3のsupporting sentencesが支持して、concluding sentenceでまとめます。

<u>Essay</u>：エッセイ。Introduction、body、conclusionの機能を果たす複数のパラグラフの集合体。Bodyに3つのパラグラフがある 1-3-1 essay や five-paragraph essay が標準的な形。Introductionには topic sentenceがなく、その最後に thesis statement（論旨）があります。
＊上記のparagraph や essay は、academic writing での説明。

コラム　ライティング授業の成功の秘訣

　学習指導要領に、4技能五領域を積極的に使えるようになることが示されているように、バランスのとれた英語力を身に付けさせることは重要です。しかし、実際は文法項目や新出語彙を正しく使えるようになることを目的としたライティング指導に、多くの時間を費やしているのではないでしょうか。もしそうであれば、教師も生徒もライティング指導における最も有意義な瞬間を逃してしまっているでしょう。

　「自分の考えを形成しそれを英語で表現させ、読み手にその考えを理解させられるような英作文の指導が必要」（藤原、1998）と指摘されています。教師と生徒、あるいは、生徒同士でそれぞれの考えを共有し物事の理解を英語で深めていく過程がライティング授業の醍醐味ではないでしょうか。

　ライティング授業成功の秘訣は、特別なものではないのです。表現の方法を、単語から文、文から3〜5文のパラグラフ、パラグラフからintroduction、body、conclusionで構成されたエッセイへと発展させられるよう、年間計画を作って実施することです。そして、書くテーマも、流行のもの（ゲームや動画など）から最近のニュース、ニュースから社会的課題と発展させられるとよいでしょう。どれも特別なことではなく、計画的にきちんとやることが重要なのです。

　この20年間で英語教育を取り巻く環境は大きく変わりました。ICT機器がインターネットの普及とともに進化し、YouTubeで英語のライティングのコツが学べ、良い英語のエッセイのサンプルもたくさん手に入ります。これからはAIの技術が進み、より効果的に効率良く正しい英語で文章を書くことを学べる時代がくるのでしょう。しかし、学校で生徒が教師と学ぶことを通じて成長する瞬間の積み重ねは、変わることはないのではないでしょうか。例えば、ライティングの授業で生徒が英語で書いた考えに教師が向き合う時、その生徒がおかれている状況に想いを馳せてコメントなどを書くでしょう。それは、きっと、生徒の心の奥に届き、自信と安心をもたせ、次のライティングの授業で、英語で考えを表現する動機も高められるはずです。この瞬間は技術で生まれることはないのではないかと思うのです。

　ライティング授業の成功の秘訣は、スモールステップを設定して、抽象的な事柄や社会的課題に対する考えを、まとまりのある文章で書けるように導くこと。そして、教師が生徒と考えを共有することで得られる発見を楽しむことだと思います。その楽しみを感じたら、もう文法項目や新出語彙を正しく使うことだけを教えるのでは満足できなくなるでしょう。教師は、授業ではfacilitatorであり、人としては生徒にとって、philosopherでありmentorでありたいものです。そのような教師との学びを通じて、生徒は社会を知り、自信をつけ、伸び伸びと成長していくことと思います。どうか、ライティング授業で得られる有意義な瞬間を大切にしてください。

6. 本時の活動指導計画

生徒の活動	教師の指導・支援	評価
・挨拶をする。	・挨拶をする。	

Pay attention to this table. Can you guess what it shows? This is about school uniforms. As you know, our school allows casual clothes, while other high schools require all students to wear school uniforms. How many schools in other countries have uniforms? According to a survey, 81 % of the Japanese high school students have uniforms. Surprisingly, three countries had a higher percentage than Japan. Especially in South Korea, as many as 97 % of the students answered that their schools have a uniform. That is quite a high percentage. On the other hand, a very low percentage of the US students answered "yes," compared with the other countries. Are you for or against school uniforms? I will tell you my opinion, main points, and supporting reasons. Listen carefully and get information. You can take notes.

生徒の活動	教師の指導・支援	評価
Pre-TASK 1. ・指示を聞く。 ・メモをとる、準備をする。 ・Teacher Talk を聞き、メモをとり、質問に答える。	1. 以下の指示をする。 ・メモをとるよう指示をする。 ・Teacher Talk をした後、質問を出す。	
2. Pair work 聞きとった内容をペアで共有する。ペアで互いに情報を補い合う。	2. ペアワーク ペアで助け合いながら、聞きとった情報を共有するよう指示をする。	
3. Checking the answers ① You agree that wearing school uniforms is good. ② Your opinion is that school uniforms have social and ethical importance. Also, wearing school unfirms is a symbol of unity. ③ There are three reasons. First, School uniforms are essential tools for students. Next, they give them a feeling that students belong to the same school. Finally, school uniforms eliminate the element of discrimination among students, as both rich and poor students are obligated to dress the same way.	3. 質問をする　言語活動 ①Do I agree or disagree? ②What are my main points? ③What are my supporting reasons?	A① A② A③ A④
While-TASK 1. Understanding 論理マップの作り方を確認する。	1. 確認する　指導 生徒の解答を聞きながら、論理マップに必要事項を記入する。	A②
2. Practicing ・提示されたトピックに対し、すばやく自分の意見と理由、根拠を考えるトレーニングをする。 ・提示されたトピックに対する意見等をひとりで考える。 ・ペアになる。 ・先に意見等を言う順番を決め、意見等を述べる。 ・交代して、上記を繰り返す。 ・正解はなく、様々な意見、理由、根拠があることに気づく。	2. 論理マップ作成トレーニング　言語活動 ・トピックに対する賛否を問う質問をいくつか用意し、生徒へ投げかける。 ・トピックを与え、ひとりで考える時間をとる。 ・ペアになるよう指示をする。 ・先に意見、理由、根拠を述べる順番を決め、全体で一斉に始める。 ・交代して、上記を繰り返す。 ・活動中、机間支援をする。 ・1つのトピックが終わるたびに、全体でいくつかの意見、理由、根拠を共有する。 ・正解はなく、様々な意見があってよいことを伝える。	A④

学習指導案作成上の留意点と指導のコツ	時間
【opinion】 I agree that wearing school uniforms is better than wearing casual clothes. School uniforms have social and ethical importance for students. Also, wearing school uniforms is a symbol of unity among students and a way to avoid discrimination. School uniforms are essential tools for students. It gives them a feeling that students belong to the same school, helping them create stronger bonds with each other. Furthermore, school uniforms eliminate the element of discrimination among students, as both rich and poor students are obligated to dress the same way. For these reasons, I agree that schools should not let students wear casual clothes. Wearing casual clothes could leave bad effects on students. ・discriminationやobligatedなど、生徒にとって理解が難しいと思われる語彙は、あらかじめ黒板に掲示するくなどした上で、生徒の実態に応じて、補足的に説明をする。	導入 8分
・生徒がメモをとる際は、英語と日本語が混ざっていてもよい。 ・ペアで助け合うというペアワークの意義を事前に確認しておく。 ・質問をしながら、あるいは生徒の解答を聞きながら、生徒の理解度を確認する。意見、理由、根拠を強調する。 1.「論理マップ」	展開 12分

【opinion】 agree	
【point1】 a symbol of unity	【point2】 to avoid discrimination
【supporting reason1】 belong to the same school creating stronger bonds with each other	【supporting reason2】 both rich and poor students are obligated to dress the same way

・論理マップ作成トレーニングの際、3秒以内にいずれかの意見を持つ、理由は2つで10秒以内、根拠は2つで50秒以内など、時間を設定することで、メリハリがつく。
・意見は本心でなくともよいことを事前に伝えておく。論理的に展開しやすく発言しやすい方を選ぶのもテクニックの1つである。
・自分の意見や理由、根拠をすばやく持つことを主眼としているので、解答は日本語と英語が混ざっていてもよい。生徒の実態に応じて、調整する。

トレーニングトピック例
・学校は携帯でのゲームを制限すべきである。
・定期考査廃止、または平日全日午前中授業、どちらが良いか。
・単独行動とグループ行動、どちらが良いかなど。

3. Reviewing ②論理マップなどを再度確認する。	3. 論理マップに関するまとめ 〔指導〕 「5. 準備」にある②論理マップ及び右記 3. 4. にある事項を再度確認する。	A②
4. Writing 指示を聞いた後、論理マップを作成し、自 分の意見、理由、根拠を英文で書き出す。	4. Writing による自己表現活動 〔言語活動〕 以下の指示をする。 This is a new statement for you. Do you agree or disagree with the following statement? *Schools should give homework to students.* Use specific reasons and examples to support your answer.	A④ B C
5. Peer Reviewing ペアでノートを交換し、不明な単語や文章 がないかどうかパートナーにチェックして もらう。互いに修正を加える。	5. Peer Reviewing 〔指導〕 全体の様子を見計らい、概ね全員が意見等 を記入できていることを確認した後、ペア でノートを交換し、不明な単語や文章がな いかどうかチェックしてもらうよう指示を する。	A② A④ B
6. Reading aloud Buzz Reading や Read & Look up、などの 音読練習をする（最終リハーサルを含む）。	6. 音読練習 〔言語活動〕 論理マップやノートをあまり見ることなく、 自分の意見等を英語で説明できるよう音読 練習を指示する（最終リハーサルを含む）。	
Post-TASK 1. Preparation for mini presentation ・評価項目を確認しながら、どのような点 に注意するかを理解する。	1. 評価項目を確認する。 〔指導〕 右記にある評価項目を確認しながら、ど のような点に注意すべきかを伝える。	A②
2. Mini Presentation ・ペアで発表の順番を決める。 ・発表後、パートナーの良かった点を1つ 以上伝える。 ・交代する。 ・振り返りシートに、自己評価を記入する。	2. Mini Presentation 〔言語活動〕 ・ペアで発表の順番を決めるよう指示をす る。 ・全体の準備が整えば、発表の指示をする。 ・発表後、パートナーの良かった点を1つ 以上言うよう指示をする。 ・交代して上記を繰り返す。 ・自己評価をするよう指示をする。	A② A④ B
SUMMARY ・全体で誤りの多かった表現や発音の難し い語彙を再度確認する。 ・Mini Presentation の講評を聞き、次回の 発表へつなげるヒントとする。 ・挨拶をする。	・全体で誤りの多かった表現やこの場合、 どのように表現するのかなど、共通の誤 りや疑問を再度全体に指導する。 ・Mini Presentation における講評をする。 ・挨拶をする。	A② A④ C

	20分

3. 4.
・論理マップを作成する。論理マップ作成段階では、日本語と英語が混ざっていてもよい。
・辞書を使ってもよい。これは英語で何と表現するのだろうという好奇心を大切にする。
・英語で意見、理由、根拠を考え、声に出すことにより英語で思考する下地を作る。
・机間支援をしながら、質問対応や英文を書くことにつまずいている生徒を支援する。
・ひとりで考え情報を記入する時間を5分、ペアで考え共有する時間を5分など、生徒の実態に合わせ時間設定をする。
・英文内容をパートナーに確認してもらうこと、パートナーへ意見等を伝えることを事前に伝えておく。
・机間支援をしながら、質問対応をする。よく見られる共通の誤りがあれば、全体を止め解説をする。
・音読練習時間やリハーサル時間を設定する。
・発音の仕方などに戸惑っている生徒がいれば、一緒に練習をする。

生徒間での相互チェックのコツ
①辞書等の使用を可とする。
②間違いながら学ぶことの大切さを伝える。
③生徒が自らの学習に主体的にかかわる時間であることを伝えて取り組ませる。
④共通の記号を使用する：理解が難しい箇所は「？」、違和感を感じたところは「下線を引く」、など。
⑤互いのチェック時間10分、意見交換時間10分など、時間を設定する。
⑥自分がパートナーからの反応に触発され、自らの考えを再構築できる。
⑦ペアであれば臨機応変に，探求的な会話ができること。
⑧自分が実際にいる読み手から質問や反応を確認することができる。
⑨自分は何をうまく書けて、何をうまく書けていないのかについてフィードバックを得ることにより、読み手が何を求めているかを認識できる。
⑩自分がパートナーの作文を読むことにより、自らの作文を推敲する際にも必要な複眼的観点を養える。
⑪自分がパートナーの作文の長所や短所を見ることで、英語を書く際の不安を軽減し、自信がつく。

	5分

1.
・45秒は話し続けるなど、生徒の実態に合わせた時間設定があるとよい。〇秒以上話し続けることができたという自信へつながる。
・発表後、1つ以上良かった点を互いに伝えることで自己肯定感が向上する。
・自身の取り組みを振り返り、次回の授業へ活かす。

2.
・自己評価項目は別掲。

	整理 5分

・本時を経て次回以降の授業の中で、十分に論理的思考のトレーニングを繰り返し、生徒に関係のある身近なトピックから社会的トピックへ移行させながら、英文を書く際の基本的な構成を紹介し、段階的に100語程度の英文が書けるよう支援する。

III

Step
「主体的・対話的で深い学び」の英語授業 標準編

1. 聞くことから話すこと［やり取り］へ（中2）

1. 授業のねらいと学習指導要領

　本授業は生徒の聞くことを伸ばし、話すこと、特にやり取りの力を伸ばそうという授業を考えます。

　中学校学習指導要領における外国語科の「聞くこと」の目標で本時と関連するのは「イ　はっきりと話されれば，日常的な話題について，話の概要を捉えることができるようにする」です。この目標の達成に向けて言語活動としては、「エ　友達や家族，学校生活などの日常的な話題や社会的な話題に関する会話や説明などを聞いて，概要や要点を把握する活動。また，その内容を英語で説明する活動」に注目することになります。

　さらに、「話すこと［やり取り］」の目標は、「イ　日常的な話題について，事実や自分の考え，気持ちなどを整理し，簡単な語句や文を用いて伝えたり，相手からの質問に答えたりすることができるようにする」となります。したがって、「(イ)　日常的な話題について，伝えようとする内容を整理し，自分で作成したメモなどを活用しながら相手と口頭で伝え合う活動」の言語活動で目標を達することをめざします。

　また、技能を統合的に活用できるコミュニケーション能力を育成することは、中学校及び高等学校英語科の学習指導要領改訂において、基本方針の主要な1つとされています。私たちが日常生活で行うコミュニケーションは、その言語にかかわらず、単一の技能で完結することは多くありません。例えば会議では、他者の意見を聞いて反応し自分の考えを伝え、合意形成をはかります。電話やSNSにおいても、相手の意見などを聞いたり読んだりして、自分の気持ちを話し伝えます。複数の技能を関連させることの重要性は、私たちの日常生活からも容易に理解できます。技能統合型の言語活動を通じて、現実場面で行われているコミュニケーションを教室内で設定することが大切です。

　したがって本授業では、自分の好きな本を読んだり、短い動画を試聴した

後、その内容を自分で咀嚼し、その本や動画の良さや魅力をパートナーへ伝えることを通じて、リスニングとスピーキングを統合させ、それぞれの力を伸長することをねらいとします。

2．授業の題材・教材

　題材は、図書館にある本や自分が好きな映画、SNS上にある短い動画などを活用して、自己表現へつなげます。本授業での教材は、日常的に生徒の話題となる映画やSNS上にある短い動画を使用しています。

　自分が見た、または聞いた内容を自分の言葉で要約し、相手へ伝え、即興で質問に答える活動をすることで、聞くことから話すこと［やり取り］の技能統合が行われ、聞く力と話す力を高めることができます。

3．本時の目標

　はっきりと話されれば、ある家族に関わる話題などを自分事として聞き、必要な情報を聞き取り、話の概要を捉えることができる。

　関心のある事柄や日常的な話題について、簡単な語句や文を用いて、即興で伝え合うことができて、相手からの質問に答えたりすることができる。

4. 本時の評価規準

A　知識・技能	B　思考・判断・表現	C　主体的に学習に取り組む態度
〈知識〉 ①英語の特徴や決まりに関する事項やUseful expressionsを理解している。 〈技能〉 ②実際のコミュニケーションにおいて、日常的な話題について、はっきりと話された文章等を聞いて、その内容を捉える技能を身に付けている。 ③日常的な話題について、簡単な語句や文を用いて、即興で伝え合うことができて、相手からの質問に答えたりする技能を身に付けている。	①はっきりと話されれば、家族に関わる話題などを自分事として聞き、必要な情報を聞き取り、話の概要を捉えている。 ②自分が読んだり見たりした作品を楽しんでもらえるように、作品について、事実や自分の考え、気持ちなどを整理し、文を用いて伝えたり、相手からの質問に即興で答えている。	①はっきりと話されれば、家族に関わる話題などを自分事として聞き、必要な情報を聞き取り、話の概要を捉えようとしている。 ②自分が読んだり見たりした作品を楽しんでもらえるように、作品について、事実や自分の考え、気持ちなどを整理し、文を用いて伝えたり、相手からの質問に即興で答えようとしている。

5. 準備

（1）スクリプト

I will talk about a movie. I love it. It was a story about a good American businessperson. He worked at a company as a sales manager. As he knew everything about sales, he opened his own business when he was twenty years old. He got sick soon and his condition got worse. Then he began to write letters to his son. He tried to give his son everything in mind about the business. His messages in his letters were powerful. I hope you all will have a chance to watch that movie. It will be very special for you.

(2) ハンドアウト

① Useful Expressions

> 1　Introduction
> I chose the book (YouTube video). The title is ....
> Today I want to talk about ....
> Let me tell you something about ....
> What do you think of ....?
> 2　Body
> It is a fantasy.   It is an easy book.
> It is an interesting book because....   This is a great introduction.
> The main character of this book is...   I think this book is easy for everyone.
> I can recommend it, particularly if you .... I can recommend it very highly.
> This is a very interesting book.
> Let's move on to ....
> 3　Conclusion
> This book is a very special book to me. It changed my life.
> I suggest that this book is ....   In summary, this book is ....
> Thank you for listening.

・Useful Expressions には、既習事項を基本にしつつ、生徒がこれを英語で表現したいという気持ちを大切にすることで、活動への動機づけが高まります。

② ノートの使い方例

・ノートのある 1 ページ（左側右側いずれか好きな方）を利用する。

紹介したい題材のタイトル、著者名、監督名、出演者など基本情報
紹介したい題材の概要、登場人物の関係性（図式も OK）
紹介したい題材のポイント、印象に残った言葉やシーン

③本授業終盤に実施している Mini Presentation 後にする自己評価シート

	内容	言語使用
A (5)	自分が紹介したい情報やその内容についてどう感じたかなどの気持ちをとり入れた、まとまりのある発表内容である。	常に適切な語句を選び、すぐれて多様な表現を使い、文法的な間違いもあまりなく、全体の意味がよく分かる。
B (3)	自分が紹介したい情報やその内容についての気持ちが、十分ではないものの含まれている発表である。	概ね適切な語句を選び、多様な表現を使い、文法的な間違いも少なく、全体の意味が分かる。
C (1)	自分が紹介したい情報やその内容についての気持ちが十分含まれているとは言えない発表である。	適切ではない語句の選択が多く、多様な表現を使っているとは言えず、文法間違いも多い。

コラム　リスニング力向上のためにできること

　生徒から「リスニング力を上げるには、どうしたらいいですか」という質問をもらうことがしばしばあります。

　リスニング力向上には、英語を繰り返し聞いて、音読するという王道が一番です。単語も英文構造もわかった文章を繰り返し聞き、リピートをしたり、Read & Look upをしたり、様々な音読トレーニングを粘り強く続けるからこそ、リスニング力は伸びていくものです。英文を聞くだけでなく、アウトプットしながら、リスニング力を高めていきましょう。

　また、自分の好きな海外ドラマや映画のワンシーン、またはSNS上にある英語関連動画を見て、ロールモデルを見つけ、その人になりきり英語で演じてみるのはどうでしょうか。

6. 本時の活動指導計画

生徒の活動	教師の指導・支援	評価
・挨拶をする。	・挨拶をする。	
Pre-TASK ・Small talk as a schema activation	・Small talk I had a fever. I went to a hospital. I took a lot of medicines, but they did not work. Now I am here, because it was about 10 years ago.(SMILING)	A ①
While-TASK STAGE 1 1. Listening globally 聞きとった内容をペアで共有する。ペアで互いに情報を補い合う。 ・It was about a <u>movie</u>. ・The movie was about a <u>good American businessperson</u>. ・He got <u>sick</u>. ・He <u>wrote letters to his son</u>. ・The <u>message</u> was <u>powerful</u>.	1. 聞く　　　　　　　　　　　言語活動 Please listen to the following talk about the movie. My question is: What was the talk about? ・メモをとるよう指示をする。 ・ペアで助け合うというペアワークの意義を事前に理解させる。 ・左記の解答が出ればこの段階は及第点と考える。	A ② B ② C ②
2. Listening locally ①He worked at a company as a sales manager. ②He opened his own business. ③Maybe, but he got sick and got worse. ④He sent a powerful message. ⑤Of course, I think. But the son was very worried about his father.	2. 聞く 話の概要を押さえるために次を問う。 ①What did the businessperson do? ②What did he do at the age of twenty? ③Did he work very hard? ④What did he do to his son? ⑤Did his son feel happy? 全文の解答を最終的には得られるような足場かけをすることも考えられる。	A ② B ② C ②
3. Listening: What was the point? ・Ex. The father showed great love for his son.	3. 聞く 要点を求めて。What was the point of the talk?	A ② B ② C ②
4. Understanding 単語や語句、やり取りに使用できる Useful Expressions を理解する。	4. 理解する　　　　　　　　　　指導 単語や語句、やり取りに使用できる Useful Expressions を説明する。	A ①
5. Read aloud ・配付されたスクリプトを見ながら、Buzz Reading や Read & Look up などの音読練習をする。 ・音読練習の成果をパートナーに聞いてもらう。	5. 音読練習　　　　　　　　　　言語活動 ・スクリプトを配付し、Buzz Reading や Read & Look up などの音読練習をする。 ・音読練習の成果をパートナーに聞いてもらうよう指示をする。	A ①

学習指導案作成上の留意点と指導のコツ	時間
	導入 2分
Talk about the movie	展開 3分
I will talk about a movie. I love it. It was a story about a good American businessperson. He worked at a company as a sales manager. As he knew everything about sales, he opened his own business when he was twenty years old. He got sick soon and his condition got worse. Then he began to write letters to his son. He tried to give his son everything in mind about the business. His messages in his letters were powerful. I hope you all will have a chance to watch that movie. It will be very special for you.	15分

・質問をしながら、あるいは生徒の解答を聞きながら、生徒の理解度を把握する。
・「はっきりと話されれば」とあり、これは明瞭な音声で話されることを示しているので留意する。
・小学校では「ゆっくり」という条件があるが、中学校にはない。「音のつながりなどが聞き取れるようになるためにも、過度に遅くなく自然な速度に近い音声を聞き取ることをめざしている」ことを意識する。

4.
・*want to, work at, got sick, everything, powerful* など
・やり取りの際使用できる質問と答え方：
　　How was the movie? — It was great. Go and see it.
　　Did you enjoy the movie? — Yes, I did.
　　How was it? — It was fantastic.

5.
・Buzz Reading は 2 分、Read & Look up は 3 分のように、時間設定することでメリハリのある音読練習ができる。
・パートナーに音読練習の成果を聞いてもらう活動をすることを事前に伝えておく。後ほどパートナーに聞いてもらうことで、適度な緊張感が生まれ、動機づけが高まる。
・机間支援をして、音読練習につまずいている生徒を支援する。
・スクリプトを見ながらでよいので、アイコンタクトを重視した上で、英文をパートナーへ音読するよう指示する。
・音読練習が十分にできている生徒がいれば、スクリプトなしで行うよう指示をしてもよい。
・聞き役の生徒は、音読を聞いた後に質問をする。質問された生徒は、即興で自分の感想を答える。
・この活動をきっちりさせることで次のスピーキングにつなげる。

84

STAGE 2 1. Express yourself 指示を聞いた後、スクリプトを参考にしな がら、自分がパートナーやグループに紹介 したい本や動画を探す。	1. Speaking による自己表現活動　言語活動 以下の指示をする。 This is a presentation about a movie, a book, or YouTube video. You can talk about it. You will talk about an interesting topic and your feeling about it. （英語の説明で難しいところは、日本語で補 う）
2. Preparation 選択した本や動画を繰り返し読んだり聞い たりしながら、キーフレーズのみ英語で書 き出す。 ・ひとりで考えワークシートに記入する時 　間を5分、ペアで考え共有する時間を5 　分（生徒の実態に合わせ時間設定をする）。	2. 題材選定　指導 ・パートナーやグループへ紹介したい本や 　動画を探すよう指示する。 ・Speaking の前に事前準備としてキーフ 　レーズを書き取る活動をする。 ・生徒の実態に応じては、宿題としておいて、 　即興で Speaking をすることもできる。事 　前準備を宿題とする際は、あらかじめ紹 　介したい題材のタイトルや登場人物の関 　係性、自分が良いと感じる点、感銘を受 　けた場面などを調べ、ノートに書いてお 　くよう指示をしておく。 ・辞書を使ってもよい。これは英語で何と 　表現するのだろうという好奇心を大切に 　する。
3. Read aloud Buzz Reading や Read & Look up などの音 読練習をする（最終リハーサルを含む）。 ・英語でその内容を認識し、思考し、声に 　出すことにより英語で思考する下地を作 　る。	3. 音読練習　言語活動　A① ・自分の要約や書評を英語で説明できるよ 　う音読練習を指示する（最終リハーサル 　を含む）。 ・「思考」とは、逐一日本語に訳すことなく、 　物事を英語で捉え英語のまま理解し、英 　語で表現するという英語の思考回路を作 　ることとする。
Post-TASK 1. Preparation for evaluation 自己評価項目を確認しながら、どのような 点に注意すべきかを聞く。	1. 評価項目を確認する。　指導 自己評価項目を確認しながら、どのような 点に注意すべきかを伝える。
2. Mini presentation ・ペアで発表の順番を決める。 ・発表後、パートナーへ1つ以上質問をす 　る。 ・質問に対する解答を聞いた後、良かった 　点を1つ以上伝える。 ・交代する。 ・振り返りシートに、自己評価を記入する。	2. Mini presentation.　言語活動　B② ・ペアで発表の順番を決めるよう指示をす　C② 　る。 ・全体の準備が整えば、発表の指示をする。 ・発表後、パートナーへ1つ以上質問をす 　るよう指示をする。 ・質問に対する解答を聞いた後、良かった 　点を1つ以上言うよう指示をする。 ・交代して上記を繰り返す。 ・自己評価をするよう指示をする。
SUMMARY ・全体で誤りの多かった表現や発音の難し 　い語彙を再度確認する。 ・Mini Presentation の講評を聞き、次回の 　発表へつなげるヒントとする。 ・挨拶をする。	・全体で誤りの多かった表現や発音の難し　A① 　い語彙を再度確認する。 ・Mini Presentation における講評をする。 　指導 ・挨拶をする。

2.

・題材選定には、学校図書館を活用し、授業進度や生徒の実態に応じて調整する。事前に選定をしておくよう伝えておけば、当日の選定時間を省略することができる。また、あらかじめこちらで読ませたい図書やYouTubeを準備しておき、当日生徒へ紹介することもできる。図書が十分ない場合は、ネット上の青空文庫も活用できる。またYouTubeは、短時間にまとめられた様々なジャンルの動画があり、字幕もあるので、活用できるツールの1つである。

15分

・「ノートの使い方」（例）
　　ノートの1ページ（見開きの左側右側いずれか好きな方）を利用する。

紹介したい題材のタイトル、著者名、監督名、出演者など基本情報
紹介したい題材の概要、登場人物の関係性（図式も可）
紹介したい題材のポイント、印象に残った言葉やシーン

・机間支援
　-題材選定につまずき…生徒の興味関心を聴きとり、一緒に題材を探す。
　-キーフレーズの抽出に戸惑っている…好きな言葉はどれ？印象に残ったのは何？など、生徒の発話を促しながら、共に作り上げていく。

3.

・音読練習時間やリハーサル時間を設定する。
・発音が難しい単語があれば、事前に教員側でピックアップしておき、アクセントの位置や発音記号を提示した上で、全体での発音練習を反復する。その上で、発音の仕方などに戸惑っている生徒がいれば、個別に一緒に練習をする。
・音読練習は生徒の実態に合わせ、練習方法を調整する。

1、2.

・45秒は話し続けるなど、生徒の実態に合わせた時間設定があるとよい。「話し続けることができた」という自信へつながる。

10分

・発表後、1つ以上質問すること。事前に質問の仕方について触れておく。生徒同士のやり取りを見守り、生徒が質問や返答に困っている場合のみ、必要に応じて支援する。
　　I have a question about...
　　What do you mean by...?
　　How long did it take?
・質問に対する解答を聞いた後、良かった点を互いに伝えることで自己肯定感が向上する。
・自身の取り組みを振り返り、次回の授業へ活かす。

整理
5分

2. 読むことから話すこと［発表］へ（高1）

1. 授業のねらいと学習指導要領

本授業では、高校1年生の段階で、読むことから話すこと［発表］に発展することで2つの領域を統合して、バランスよくコミュニケーション能力を育成することをめざします。

本授業がめざす高等学校学習指導要領における英語コミュニケーションⅠでの「読むこと」の目標は、「イ 社会的な話題について，使用される語句や文，情報量などにおいて，多くの支援を活用すれば，必要な情報を読み取り，概要や要点を目的に応じて捉えることができるようにする」です。また、求められる言語活動として、「(イ) 社会的な話題について，基本的な語句や文での言い換えや，書かれている文章の背景に関する説明などを十分に聞いたり読んだりしながら，説明文や論証文などから必要な情報を読み取り，概要や要点を把握する活動。また，読み取った内容を話したり書いたりして伝え合う活動」が関連します。

同様に「話すこと［発表］」の目標は、「イ 社会的な話題について，使用する語句や文，事前の準備などにおいて，多くの支援を活用すれば，聞いたり読んだりしたことを基に，基本的な語句や文を用いて，情報や考え，気持ちなどを論理性に注意して話して伝え合うことができるようにする」ことで、これに関連した言語活動を示しているのは「(イ) 社会的な話題について，使用する語句や文，発話例が十分に示されたり，準備のための多くの時間が確保されたりする状況で，情報や考え，気持ちなどを理由や根拠とともに伝える活動。また，発表した内容について，質疑応答をしたり，意見や感想を伝え合ったりする活動」です。

技能統合をする際、安易に複数の技能をつなげれば良いのではなく、各技能を関連づけることが大切です。教科書の内容を中心に学びつつ、実際のコミュニケーションに近い言語活動が教室内にあり、学習が促進されるような技能統

合が必要です。

　本授業では、教科書の内容を軸にして、教科書の本文を読み、要点を捉え、発表するという流れの中で、話の内容や情報などを的確に理解して捉えたり、適切に伝える力を養うことをねらいとしています。授業で学んだ語彙や文法、構文などの知識を実際に使用することにより、その定着率を高めることができます。話すべき、または書くべき内容を自分で選択し、情報を整理します。

　なお、入学試験等において、長文を読み英語で要約する問題が出題されることもありますが、このような活動を普段の授業に取り入れることで、記述問題にも十分対応できる力を養うことが期待されます。

2.　授業の題材・教材

　題材は、広島と長崎で二重被爆された主人公の経験を簡潔にまとめて、主人公のその後の活動と平和への祈りに関する文章です。

　教材は、コミュニケーション英語Ⅰにて使用している*Revised ELEMENT English Communication I*（啓林館）です。

　本文を読んだ後、メモを使い、すぐに即興でキーワードを自分で抜き出し要約を話すことから始めることを考えています。しかし、それが難しい場合は、ワークシート①～ワークシート⑧を活用し、段階的な練習を重ね、スピーキングの活動を行ってください。

　本時では段階的な取り組み例を紹介しています。即興で英語で話すことを念頭に置きながらも、story reproductionの実施形態は、生徒の実態に合わせ調整することが大切です。

　また本時では、英語を話すことも重視しています。論理の矛盾や飛躍がないように留意して、理由や根拠を明らかにし、論理の一貫性に注意することにも重きをおいています。活動においては、簡単なメモなどの作成は可とし、事前に話すための原稿を書いて読むということがないように心がけています。

On August 6, 1945, Yamaguchi Tsutomu got up happily. That was his last day in Hiroshima. He was going back the following day to his family and home office in Nagasaki. He had spent three months designing a big ship at a company in Hiroshima.

On the last day of his assignment, he took a bus to the office, but he realized that he had forgotten his *inkan*, a seal which Japanese use to stamp papers. He returned to the company house to get it and left for his office, this time by train.

When he was walking from the station to his office, he saw a bomber flying and then two white parachutes falling. Suddenly, there was a terrible flash and he was blown over.

3. 本時の目標

原爆に遭遇した人物のある日の出来事を通して、使用される語句や文や情報などにおいて、多くの支援を活用すれば、必要な情報を読み取り、概要や要点を目的に応じて捉えることができる。

原爆に遭遇した人物のある日の出来事について、使用する語句や文や対話の展開などにおいて、多くの支援を活用すれば、聞いたり読んだりしたことをもとに、基本的な語句や文を用いて、情報や考えや気持ちなどを論理性に注意して話し、伝え合うことができる。

4.　本時の評価規準

A　知識・技能	B　思考・判断・表現	C　主体的に学習に取り組む態度
〈知識〉 ①時間の経過を表す語句の意味や働きを理解している。 ②時系列を示すための表現や文章の構造を理解している。 〈技能〉 ③時間を表す語句などの意味や働きの理解をもとに、人物について書かれた文章の内容を読み取る技能を身に付けている。 ④時系列の推移について、事実や自分の考え、気持ちなどを整理し、表現や文章の構造を用いて伝えたり、相手からの質問に答えたりする技能を身に付けている。	①文章の大まかな流れを時間軸に沿ってまとめるために、登場人物の行動について書かれた文章の概要と要点を捉えている。 ②登場人物の行動について、事実や自分の考え、気持ちなどを整理し、簡単な語句や文を用いて伝えたり、相手からの質問に答えたりしている。	①文章の大まかな流れを時間軸に沿ってまとめるために、登場人物の行動について書かれた文章の概要と要点を捉えようとしている。 ②登場人物の行動について、事実や自分の考え、気持ちなどを整理し、簡単な語句や文を用いて伝えたり、相手からの質問に答えようとしている。

5.　準備

（1）ハンドアウト

①Story reproductionに必要なキーワード

（キーワード例）
work for/ 1945/ his last day/ see/ bomber plane/ blow over/ a terrible flash/

（2）　Story reproductionのためのワークシート

　＊生徒の実態により、下記の定型ハンドアウトを活用して、ワークシートを使い分けます。またキーワードを活用する際、初回は、キーワードを3つほどにして短文からはじめ、徐々にキーワードの個数を増やして英文を増やしていきます。キーワードの数や英文の難易度も、生徒の実態に合わせます。

1)〈ワークシート：標準・発展〉

Summary Sheet
・本文内容を自分の言葉で伝えるトレーニングで英語脳を作る。
・英語を英語のままで理解できる→英文読解力 UP
Write keywords for your summary.

（Class　　）（No.　　）（Name　　　　　　　）

2)〈ワークシート：基礎〉Story reproduction の練習

ワークシート①（全文時系列並べ替え）

① Yamaguchi Tsutomu, who was an office worker from Nagasaki,
② and was blown over with a terrible flash.
③ On his last day in Hiroshima,
④ he saw two white parachutes from a bomber plane,
⑤ worked for a shipbuilding company in Hiroshima for three months in 1945.
⑥ when he was walking to his office,

ワークシート②（一部並べ替え）

Yamaguchi Tsutomu, who was an office worker from Nagasaki, (for/ a shipbuilding company/ for three months/ worked/ Hiroshima/ in/ in 1945/). On his last day in Hiroshima, when he was walking to his office, (two white parachutes/ saw/ he/ a bomber plane/ from/), and (a terrible flash/ with/ was/ over/ blown/).

ワークシート③（全文並べ替え）

(from/ who/ an office worker/ was/ Tsutomu Yamaguchi/ Nagasaki/ ,/ ,/ for/ in 1945/ Hiroshima/ in/ company/ three months/ for/ worked/ a shipbuilding company/). (his office/ walking/ on his last day/ when/ he/ in Hiroshima/ ,/ to/ ,/ saw/ two white parachutes/ he/ a bomber plane/ from,/ and/ with/ over/ was/ blown/ a terrible flash/).

ワークシート④（機能語空欄補充）

Yamaguchi Tsutomu, who was an office worker (　　　) Nagasaki, worked (　　　) a shipbuilding company (　　　) Hiroshima (　　　) three months (　　　) 1945. (　　　) his last day (　　　) Hiroshima, (　　　) he was walking (　　　) his office, he saw two white parachutes (　　　) a bomber plane, and was blown over (　　　) a terrible flash.

ワークシート⑤（内容語空欄補充）

Yamaguchi Tsutomu, (　　　) was an office worker from Nagasaki, (　　　) for a shipbuilding company in Hiroshima for three months in 1945. On his last day in Hiroshima, when he (　　　) (　　　) to his office, he (　　　) two white parachutes from a bomber plane, and (　　　) (　　　) (　　　) with a terrible flash.

ワークシート⑥（一部空欄補充＋英文記述式）

Yamaguchi Tsutomu, (　　　) was an office worker from Nagasaki, ＿＿＿＿＿a shipbuilding company in Hiroshima for three months in 1945. On his last day in Hiroshima, when he ＿＿＿＿＿＿＿＿＿＿ to his office, he saw two white parachutes from a bomber plane, and ＿＿＿＿＿＿＿＿＿＿＿＿＿ with a terrible flash.

ワークシート⑦（英文一部記述式）

Yamaguchi Tsutomu, _____, worked for a
shipbuilding company in Hiroshima for three months in 1945. On his last day
in Hiroshima, _____, he saw two white parachutes
from a bomber plane, _____.

ワークシート⑧（英文記述式）

Yamaguchi Tsutomu _____

_____

On his last day in Hiroshima _____

_____

(3) 教員のモデル例（教師用指導書データにあり）

Yamaguchi Tsutomu, who was an office worker from Nagasaki, worked for a
shipbuilding company in Hiroshima for three months in 1945. On his last day
in Hiroshima, when he was walking to his office, he saw two white parachutes
from a bomber plane, and was blown over with a terrible flash.

(4)　Story reproduction speaking check

Speaking Check A
Class：　　No：　　Name：

Partner's Name：

Partner's Score

配点：1問×2点／ヒントが与えられて解答した場合1問×1点

Yamaguchi Tsutomu, **1 who** was an office worker (1) Nagasaki, **2 worked** for a shipbuilding company in Hiroshima (2) three months in 1945. On his last day in Hiroshima, (3) he was **3 walking** to his office, he **4 saw** two white parachutes (4) a bomber plane, and was **5 blown** over (5) a terrible flash.

Speaking Check B
Class：　　No：　　Name：

Partner's Name：

Partner's Score

配点：1問×2点／ヒントが与えられて解答した場合1問×1点

Yamaguchi Tsutomu, (1) was an office worker **1 from** Nagasaki, (2) for a shipbuilding company in Hiroshima **2 for** three months in 1945. On his last day in Hiroshima, **3 when** he was (3) to his office, he (4) two white parachutes **4 from** a bomber plane, and was (5) over **5 with** a terrible flash.

6. 本時の活動指導計画

生徒の活動	教師の指導・支援	評価
・挨拶をする。 ・前時の復習をする。	・挨拶をする。 ・前時の復習をする（前時において、生徒はPart1の概要をすでに既習している。本時は前時の復習から始めている）。	
Pre-TASK 1. Review & Schema activation ・次の表現を使って、40秒話すことに試みる。 　Yamaguchi Tsutomu/ office/ bus/ inkan/ company house/ train/ bomber plane/ parachutes/terrible flash/ ・個人→ペア（4/ 3/ 2/ technique）	1. スキーマアクティベーション＆前時の復習　言語活動 ・自分でPart1の内容を40秒で、英語で語ってみるよう指示をする。 ・ペアワークで復習をする：4/ 3/ 2/ technique でやってみる。 ・40秒、30秒、20秒でやり取りする。	
While-TASK **STAGE 1** 1. Reading 1) 本文をCD音源で2回聞く。 2) 教師から提示された質問を考え、解答をする。 3) 質問に対する解答の根拠となる英文を見つける。 4) Part1本文を聞いたり読んだりすることで、各自のペースで本文内容を思い出す。 メモ ・ ・ ・	1. 読むこと：要点 1) 本文の音源を流す。　言語活動 2) 本文理解に関する質問（右記）を生徒へ投げかける。 3) ペアになり、質問の解答を考えさせる。 ・可能であれば、英語で考えさせる。その際、主語動詞目的語などをセンテンスで考えるよう指導する。 ・各質問に対する解答をペアまたはクラス全体から引き出す。なお単語のみで解答した際は、教員は適切なフォローをする。 4) Part1本文（同上）を読ませる。　言語活動 ・生徒個人でPart1を読み、先ほど質問した内容の根拠となる英文を見つけさせる。 ・ペアになり、各自の見解を共有させる。 ・質問した内容の根拠となる英文を解説する。　指導 内容の根拠となる英文を見つけさせる活動 Where was Yamaguchi's home office?であれば、第1段落2行目に注目させ、下線等を引かせる。 Read Part1. Find the key sentence for each question, underline it, and tell your partner.	A ① A ③ B ① C ①
STAGE 2 1. Story reproduction 1) Story reproductionの説明を聞く 〈標準・発展〉 2) 教師が再提示したワークシートやメモを活用し、提示されたキーワードを使いstory reproductionの準備をする。 3) 提示されたキーワードを使い、自分の言葉で既習内容を再生する練習を始める（準備時間1〜5分、生徒の実態に合わせる）。	1. 話すこと：Story reproduction 1) Story reproductionの説明（右記）をする。 ・本文の暗記ではなく、既習内容を自分の言葉で再生するトレーニングをする。 〈標準・発展〉 2) キーワードを確認する。　指導 　work for/ 1945/ his last day/ see/ bomber plane/ blow over / a terrible flash/ 3) 自分の言葉で本文を要約し、要約を相手へ伝える準備（練習）をするよう指示をする。　言語活動	B ② C ②

学習指導案作成上の留意点と指導のコツ	時間
【Part1 概要】 　1　山口彊さんにとっての8月6日 　　1945年8月6日：広島で過ごす最後の日。→翌日には長崎へ帰ることになっていた。 　2　広島での最終日 　　任務の最終日：会社へ行くバスに乗った。→印鑑を忘れたことに気づいて、社宅へ引き返した。→電車で会社に向かった。 　3　すさまじい閃光 　　駅から会社へ歩いていたとき：1機の爆撃機が飛んでいた。→2つの白いパラシュートが落ちていくのが見え、閃光が光った。	導入 3分
1. 4/3/2/ technique 話すことにおいて、流暢さを高める手法として知られている。やり方は、Aさんが4分話して、それを聞いたBさんが3分間でまとめ上げながら話し、最後にAさんが2分間話す。1分でも長いという場合は、40秒、30秒、20秒とし、時間を調節する。 聞こうとする心を高めるテクニック 聞こうとする音声は、質問の解答となる音声が流れた直後に止め、その後質問を生徒へすると解答しやすくなる。 教師：Where was Yamaguchi's home office? 生徒：Nagasaki 教師：Yes. It was in.... 生徒：Oh, it was in Nagasaki. 教師：Thank you. Let's review. Listen to the CD Part1. 　　　Now I will ask you some questions. 1. 「要点」を読み取る活動 読む目的を明確にする。要点を読み取る活動では、何を生徒に読み取らせたいかを明確にする。その後に、どのような活動をして、どのような力を付けたいかを明確にする。 ○ここではQ&Aで要点を読み取ることを求めている： 　① Where was Yamaguchi's home office? → It was in Nagasaki. 　② How long did Yamaguchi stay in Hiroshima in 1945? → He stayed there for three months. 　③ Why did Yamaguchi go back to the company house? → Because he forgot his inkan. 　　＊読み取らせるポイントに拠り、上を参考に質問を決定する。 Story reproduction (1) ・Story reproductionは、キーワードや絵などを参考にし、聞いたり読んだりした英文を再生する活動である。英文をそのまま暗唱することが目的ではなく、メッセージを伝えることを目標とする活動であり、自分の意見を付け加えたり、聴衆に質問をしたり、ある人物になりきって語ってみたりと自由度の高い活動である。 ・教科書の英文は確実に発表語彙にまで高め、実践的コミュニケーション力の基礎を築くことをねらいとして用いられる。英文の単なる音読や筆写は、おもに言語形式の習得を図る活動とされるため、生徒自身の思いや気持ちが入ることは多くない。一方、Story reproductionでは、聞いたり読んだりした英文の内容を伝えるという点でメッセージ性が高くなる。加えて、それを伝えるための語彙や文構造は読解等の際に読んでいるため、伝える時にそれらの表現を参考にすることができる。	展開 12分

〈基礎〉
2）教師が提示したワークシートを活用し、story reproduction の準備・練習をする。
3）提示されたキーワードを使い、自分の言葉で既習内容を再生する練習を始める（準備時間 1 ～ 5 分、生徒の実態に合わせる）。
4）ペアで発表
①個人で各自 1 回リハーサルをする。
②ペアになる。
③互いに向かい合いジャンケンをし、勝った生徒から story reproduction をする。その後交代する。
④相手の表現方法で良い英文は参考にし、自身の表現に加える。
⑤ペアを替え、繰り返す。

〈基礎〉
2）本文の暗記ではなく、既習内容を自分の言葉で再生するトレーニングをする。（生徒の実態に合わせ、ワークシートを使い分ける）
3）キーワードを提示する。自分の言葉で本文を要約し、要約を相手へ伝える準備（練習）をするよう指示をする。
4）2 人で協力して story reproduction をする際は、30 秒や 45 秒、1 分など story reproduction の分量と生徒の実態に合わせ生徒の話す時間を設定する。生徒の共通する間違い等は全体で共有する。時間の許す限りペアを替え、上記を繰り返す。
-You have (　　　) minutes.(seconds)

・最終リハーサルとして、個人で 1 回 story reproduction をする。次にペアで story reproduction をする。互いの持ち時間は 1 分とし、2 人で協力して既習の part 内容を再生する。教員は机間支援し、発音やイントネーション、生徒からの質問等全体で共有すべき事柄があれば全体へ指導する。その後パートナーを変え、時間の許す限り 3 回～ 5 回再生を繰り返すことで、徐々に流暢に story reproduction ができるようになる。

Post-TASK
1．Reflection
①全体でシェアをする。
②story reproduction speaking check をペアでする。
③A さん・B さんペアを作る。
④ジャンケンをし、A さん・B さんを決める。
⑤A さんは A さん用の Speaking Check 用紙を空欄補充しながら英文を音読する。
⑥B さんは B さん用の Speaking Check を見ながら、A さんが適切な内容で音読できているかどうかを確認する。
⑦B さんは A さんのスコアをつける。
⑧B さんは B さん用の Speaking Check 用紙を空欄補充しながら英文を音読する。
⑨A さんは A さん用の Speaking Check を見ながら、B さんが適切な内容で音読できているかどうかを確認する。
⑩A さんは B さんのスコアをつける。

1．振り返り
①良い story reproduction は全体で紹介する。 指導
②ペアで story reproduction speaking check を行う。
③A さん・B さんペアを作らせる。 言語活動
④ジャンケンをさせ A さん・B さんを決めさせる。
⑤A さんは A さん用の Speaking Check 用紙を空欄補充しながら英文を音読させる。
⑥B さんは B さん用の Speaking Check を見ながら、A さんが適切な内容で音読できているかどうかを確認させる。
⑦B さんは A さんのスコアをつけるよう指示する。
⑧B さんは B さん用の Speaking Check 用紙を空欄補充しながら英文を音読させる。
⑨A さんは A さん用の Speaking Check を見ながら、B さんが適切な内容で音読できているかどうかを確認させる。
⑩A さんは B さんのスコアをつけるよう指示する。

B ②
C ②

SUMMARY
・全体で誤りの多かった表現や発音の難しい語彙を再度確認する。
・挨拶をする。

・全体で誤りの多かった表現や発音の難しい語彙を再度確認する。
・挨拶をする。

20分

2）-1
・机間支援し、生徒の理解度や進捗等を観察する。
・スローラーナーを支援する。
・スローラーナーを対象に、必要であれば模範解答（下記）を提示し、模範解答の表現方法を真似ることから始めるよう指示をする。
Yamaguchi Tsutomu was an office worker from Nagasaki. He worked for a shipbuilding company in Hiroshima for three months in 1945. On his last day in Hiroshima, when he was walking to his office, he saw two white parachutes from a bomber plane, and was blown over with a terrible flash.

2）-2
・自立した生徒集団であれば、キーワードを自分で抜き出すところからはじめることもできる。
・Lesson後に行う、またはPartごとに実施する、あるいは２つのpartをまとめて行うなど、story reproductionの実施形態は、生徒の実態に合わせ調整する（ここではpartごとに実施した例としている）。
・本時では、英語を話すことに重点を置いている。正確な文法や適切な構文使用は、writingをする際、指導する。全体の単元計画の中で、英語を話す流暢さや、適切に英語を書いたり話したりする正確さを高めていく。

> **Story reproduction（2）**
> 　生徒に英語で自分の考えや思いを発信する力を身に付けさせるためには、実際に英語で表現する機会を作らなければならない。しかしながら、英文読解中心の授業では、そのような機会は十分であるとはいえない。Story reproductionは、読解中心の授業においても英文の内容理解をアウトプットの活動に発展させることができる。さらに、Story reproductionを通じて、伝える際に必要な語彙や文構造の習得も促すことが期待される。
> 　新出語彙の確認や本文の内容把握、音読活動などを経てstory reproductionへつなげる段階的な指導をすることが大切である。

12分

①I will show you good examples.
　良いstory reproductionは全体で紹介し、speaking checkを用いて、本時の内容を定着させる。

整理
3分

3. 聞くことから書くことへ（高1）

1. 授業のねらいと学習指導要領

　本時は、生徒が聞くことから書くことへの授業でそれぞれの領域の力を高めることをめざします。

　英語コミュニケーション I の「聞くこと」の目標としては、「イ　社会的な話題について，話される速さや，使用される語句や文，情報量などにおいて，多くの支援を活用すれば，必要な情報を聞き取り，概要や要点を目的に応じて捉えることができるようにする」が示されています。「必要な情報」とは、「概要や要点を目的に応じて捉えるために必要となる情報」を意味しています。「概要」とは「聞いた英語のおおよその内容や全体的な流れ」のことで、「要点」とは「話し手が伝えようとする主な考えなどの聞き落としてはならない重要なポイント」のことです。「目的に応じて捉える」とは「何のために概要や要点を捉える必要があるのかを生徒があらかじめ理解し，あるいは指導された上で必要な情報を聞き取らせる必要があること」を示しています。

　この目標に関連するのは、「(イ) 社会的な話題について，話される速さが調整されたり，基本的な語句や文での言い換えを十分に聞いたりしながら，対話や説明などから必要な情報を聞き取り，概要や要点を把握する活動。また，聞き取った内容を話したり書いたりして伝え合う活動」で、この活動を中心に授業を立案します。

　英語コミュニケーション I の「書くこと」の目標としては、「イ　社会的な話題について，使用する語句や文，事前の準備などにおいて，多くの支援を活用すれば，聞いたり読んだりしたことを基に，基本的な語句や文を用いて，情報や考え，気持ちなどを論理性に注意して文章を書いて伝えることができるようにする」が示されています。この目標は、「中学校の外国語科の1の (5) のウ『社会的な話題に関して聞いたり読んだりしたことについて，考えたことや感じたこと，その理由などを，簡単な語句や文を用いて書くことができるよ

うにする』を受けて設定されている」と示されています。

　また、求められる「書くこと」の言語活動としては、「(イ) 社会的な話題について，使用する語句や文，文章例が十分に示されたり，準備のための多くの時間が確保されたりする状況で，対話や説明などを聞いたり読んだりして，情報や考え，気持ちなどを理由や根拠とともに段落を書いて伝える活動。また，書いた内容を読み合い，質疑応答をしたり，意見や感想を伝え合ったりする活動」が示されています。その中の「対話や説明などを聞いたり読んだりして，情報や考え，気持ちなどを理由や根拠とともに段落を書いて伝える活動」の例として、「教科書で扱った社会的な話題について，理由や根拠を整理して自分の意見を段落で書く活動」が示されていて、「関連する話題についての対話の録音を聞いたり，その話題について説明している動画などを視聴したりして，生徒が多様な視点に触れた上で自分自身の考えを深めることができるような工夫が必要である」と示されています。その際には、「論理性に注意して段落で書くためには，段落の構成について学ぶ必要がある。主題文，支持文，結論文という構成から成る一つの段落の文章例などをモデルとして取り上げ，段落の構成について指導することも必要である」ことが示されています。

　本時は高校2年生が対象の授業で、実際のニュースの話題から、ICTなど多くの支援を活用して、必要な情報を聞き取り、概要や要点を目的に応じて捉えることができること、基本的な語句や文を用いて、情報や考え、気持ちなどを論理性に注意して文章を書いて伝えることができることを通して、英語学習に対するモチベーションの向上もねらいたいと思います。

2. 授業の題材・教材

　本時はCNNニュース教材を使います。CNNニュース教材はネイティブが話す「生の英語」であり、政治・経済・社会・エンターテインメントなど、様々な分野のニュースを網羅しています。また画像、ワークシート、音声、動画など多様なコンテンツで学習を支援しています。ニュースの英語レベルも3段階に分かれています。またワークシートもすべてパーツに分けて提示できるかたちになっていたり、音声も3段階で聞けるようになっており、アダプティ

ブラーニングにも対応できるようになっています。本時の内容は「香港におけ
る幼稚園入学のためのしつけ教育」をテーマに取り上げています。

Title：「（香港における）幼稚園入学のためのしつけ教育」(Training for
   Kindergarten)

 Students in Hong Kong are preparing for what could be the most important
interviews of their lives, and these students—they are only 2 years old. Some
parents are putting their children into training classes to help them ace their
interviews to get into kindergarten. The classes also train kids as young as 18
months old to be disciplined, to be responsive and polite. The thought is a good
kindergarten leads to a good primary and secondary school, and that means a
great life.

（アメリカ英語）

3. 本時の目標

 香港における幼稚園入学のためのしつけ教育について、ニュースのタイト
ル、話される速さや、使用される語句や文、情報量などにおいて、多くの支援
を活用すれば、必要な情報を聞き取り、概要や要点を目的に応じて捉えること
ができる。

 香港における幼稚園入学のためのしつけ教育について、使用する語句や文、
事前の準備などにおいて、多くの支援を活用すれば、聞いたことを基に、基本
的な語句や文を用いて、情報や考え、気持ちなどを論理性に注意して、文章を
書いて伝えることができる。

4. 本時の評価規準

A 知識・技能	B 思考・判断・表現	C 主体的に学習に取り組む態度
〈知識〉 ①ニュースの英語について、文の区切りなどの音声と文構造とそのまとまりの全体の構成を、理解している。 〈技能〉 ②ニュースの英語についての文の区切りなどの音声と文構造とそのまとまりの全体の構成の理解を基に、外国の子どもの教育事情を聞き取る技能を身に付けている。 ③社会的な話題などについて、事実や自分の考え、気持ちなどを、簡単な語句や文を用いて、またはそれらを正確に用いて、一貫性のある主張で段落を構成する技能を身に付けている。	①香港での幼稚園入学のためのしつけ教育について、ニュースのタイトル、話される速さや、使用される語句や文、情報量などにおいて、多くの支援を活用すれば、必要な情報を聞き取り、概要や要点を目的に応じて捉えている。 ②香港での幼稚園入学のためのしつけ教育について、使用する語句や文、事前の準備などで、多くの支援を活用すれば、聞いたことを基に、基本的な語句や文を用いて、情報や考え、気持ちなどを論理性に注意して文章を書いて伝えている。	①香港での幼稚園入学のためのしつけ教育について、ニュースのタイトル、話される速さや、使用される語句や文、情報量などにおいて、多くの支援を活用すれば、必要な情報を聞き取り、概要や要点を目的に応じて捉えようとしている。 ②香港での幼稚園入学のためのしつけ教育について、使用する語句や文、事前の準備などで、多くの支援を活用すれば、聞いたことを基に、基本的な語句や文を用いて、情報や考え、気持ちなどを論理性に注意して文章を書いて伝えようとしている。

コラム　CNN教材の長所

　CNN教材は、世界で報じられたニュースを教材化していて長所として次の点が挙げられます：①世界の最新ニュースを中高の先生が厳選し教材化、②教科書の内容に関連した最新ニュースから、まだ教科書にはない、世界の重要テーマまで幅広いテーマを扱う、③音声・動画などが充実していて社会的問題に触れながら特にリスニング力をアップさせることができる。

　本来の英語を身に付ける感覚・オーセンティックな素材で楽しくわくわくする体験を届けてくれます。

5. 準備

（1）ハンドアウト

① Vocaburaly sheet

News around the World 26

No.	English	E→J	No.	Japanese	J→E
1	kindergarten	☐☐☐	1	幼稚園	☐☐☐
2	prepare for	☐☐☐	2	～のために準備する	☐☐☐
3	interview	☐☐☐	3	面接	☐☐☐
4	help...do	☐☐☐	4	…が～するのを助ける	☐☐☐
5	ace	☐☐☐	5	（試験で）高得点を取る	☐☐☐
6	get into	☐☐☐	6	～に入学・入園する	☐☐☐
7	train...to be	☐☐☐	7	…が～であるようにしつける、訓練する	☐☐☐
8	disciplined	☐☐☐	8	自制心がある、規律を守る	☐☐☐
9	responsive	☐☐☐	9	（会話などで）しっかり応答する	☐☐☐
10	polite	☐☐☐	10	礼儀正しい	☐☐☐
11	the thought is (that)	☐☐☐	11	～という考え方によるものだ	☐☐☐
12	lead to	☐☐☐	12	～につながる、至る	☐☐☐
13	primary school	☐☐☐	13	小学校	☐☐☐
14	secondary school	☐☐☐	14	中等学校	☐☐☐
15	mean	☐☐☐	15	～という結果になる	☐☐☐

出典：『CNN Worksheet（デジタル教材）』朝日出版社

② 音読記録表

音読タイム記録表
目標はCNNのアンカー！　音読練習を重ねてスピーキングアップ力を目指そう！！
目標タイムはCNNのアンカーが読むのにかかった秒数。これを目標に速く、正確に音読する練習をしよう。

タイトル	目標タイム	1回目	2回目	3回目	4回目	5回目	チェック欄
News	29						
		秒	秒	秒	秒	秒	

出典：『CNN Worksheet（デジタル教材）』朝日出版社

③Worksheet　＊カラー版（提示用）とモノクロ版（配付用）の２種類用意。
下記はモノクロ版。

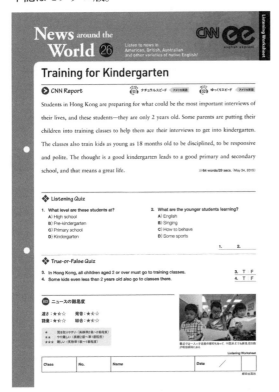

出典：『CNN Worksheet（デジタル教材)』朝日出版社

（2）スライドなど

①TODAY'S Vocab.

出典：『CNN Worksheet（デジタル教材)』朝日出版社

②TODAY'S Listening Quiz

❖ Listening Quiz

1. What level are these students at?
   A) High school
   B) Pre-kindergarten
   C) Primary school
   D) Kindergarten

2. What are the younger students learning?
   A) English
   B) Singing
   C) How to behave
   D) Some sports

1.＿＿＿＿ 2.＿＿＿＿

③TODAY'S True & False Quiz

❖ True-or-False Quiz

3. In Hong Kong, all children aged 2 or over must go to training classes.

4. Some kids even less than 2 years old also go to classes there.

3. T ¦ F
4. T ¦ F

④Answer Sheet

❖ Answers

1. B   2. C
3. F   4. T

・動画コンテンツ

出典：『CNN Worksheet（デジタル教材）』朝日出版社

⑤音声３種類（上から順に「普通」、「ゆっくり」、「ゆっくりにポーズ入れ」）

☐ Voice:natural

▶ 0:00 / 0:32 ━━━━━ 🔊 ⋮

☐ Voice:slowly

▶ 0:00 / 0:34 ━━━━━ 🔊 ⋮

☐ Voice:slowly-pose

▶ 0:00 / 1:18 ━━━━━ 🔊 ⋮

出典：『CNN Worksheet（デジタル教材）』朝日出版社

(3) 日本語訳

香港の生徒たちは、生涯で最も重要になるかもしれない面接試験の準備をしている。そして、この生徒たちは―彼らは、わずか2歳なのだ。一部の親は子どもたちを塾に通わせている。面接で高得点を取り、幼稚園に入園するためだ。その塾では、まだ生後18カ月の幼児にも、行儀がよく、はきはき応答し、礼儀正しくなるように、訓練を行っている。よい幼稚園に入れば、よい小学校や中等学校に入れる。そしてそれが、よい人生につながるという考えだ。

出典：『CNN Worksheet（デジタル教材)』朝日出版社

(4) Reflection Sheet

L	1	2	3	4	5
R	1	2	3	4	5
S	1	2	3	4	5
W	1	2	3	4	5

☆英語の4技能に関してニュースごとに自己評価してみましょう。
☆次の観点から、最低の1から最高の5までのうち当てはまる評価に〇をつけよう。

Listening　繰り返しニュースを聞き、音の正確な聴取と内容把握の力を向上できた。

Reading　Transcript が語順通りに理解できるようになった。音読の速度が速くなった。

Speaking　ペアワーク等のアウトプットの活動で自分の言いたいことを分かりやすく伝えた。

Writing　記述する活動で、頭に浮かんだ考えをうまく文章化することができた。

出典：『CNN Worksheet（デジタル教材)』朝日出版社

6. 本時の活動指導計画

生徒の活動	教師の指導・支援	評価
・挨拶をする。	・挨拶をする。	

Pre-TASK

1. タイトルから内容を推測させる。
   Training for Kindergarten
   ・個人でいろいろなアイデアを出すように促す。
   　　具体例：お受験、塾、英才教育、英語熱
   ・生徒の発言を受け止めていく。

2. 香港の塾の写真を示す。 　[言語活動]
   ・質問する（口頭）：
   　Where are the students?
   　What are they doing?
   ・生徒間でやり取りさせる。

While-TASK
STAGE 1
1. Listen and take notes (keywords)
   Listening at natural speed
   ・キーワードを出す

1. キーワードを拾う 　[言語活動]　 A①
   ・Let's start now. Everybody, listen to the script. Listen to the report and catch the main idea of the report. OK? Give us some keywords later.
   ・Very fast! Was it difficult? All right. Which keywords did you catch?

A② B① C①

2. TODAY's Listening Quiz

Listening Quiz

1. What level are these students at?
   A) High school
   B) Pre-kindergarten
   C) Primary school
   D) Kindergarten

2. What are the younger students learning?
   A) English
   B) Singing
   C) How to behave
   D) Some sports

   1. .... 2. ....

True-or-False Quiz

3. In Hong Kong, all children aged 2 or over must go to training classes.
4. Some kids even less than 2 years old also go to classes there.

3. T F
4. T F

2. もう一度ニュースを聞く 　[言語活動]

1)・2つの質問に答えるように指示。　 B① C①
   ・All right, so the news is something about the Hong Kong report.
   ・Now listen to the news again at natural speed, but this time I will ask you two questions.

2) T/F 　[指導]　 A① B① C①
   ・This time I will give you two True & False questions. Look at the handout. Now let's check the answers of the quiz.

3. Oral-Interaction
TODAY'S Vocab.

Keywords

□kindergarten: 幼稚園
□prepare for: 〜のために準備する
□interview: 面接
□help...to: 〜〜するのを助ける
□ace: [試験など]高得点を取る
□get into: 〜に入学・入塾する

□train...to be: 〜が〜であるようにしつける
□disciplined: 自制心があるか、規律を守る
□responsive: [反射などに]しっかり反応する
□polite: 礼儀正しい

□the thought is (that): 〜という考え方によるものだ
□lead to: 〜につながる、至る
□primary school: 小学校
□secondary school: 中等学校
□mean: [という]結果になる

p.103 の①TODAY'S Vocab.を参照して下さい。

3. 単語・表現確認 　[指導]　 A①
   スライドの単語・表現の意味及び音声上の確認をする。
   ・ボキャブラリーシートを配付して口頭の指示で、音読活動に取り組む。パターンに応じて、全体→個人→ペア（グループ）で音読させる。英→英、英→日、日→英
   ・TODAY'S Vocab.を使って音読させてもよい。

学習指導案作成上の留意点と指導のコツ	時間
	導入 挨拶 2分

	展開 12分

・タイトルが簡潔になっていることやキーワードが大切であることも考えさせる。
　―簡潔になっているというのは、例えば5W1Hが欠落しているということであるから、
　　それを補って考えるように促す。
・生徒からの解答を分類しながら板書するのもよい。
・受容的な姿勢で、イマジネーションが膨らむように促す。

・写真をうまく活用することが大切。
・ここは動画ではなくて写真を使ってイメージさせる。ただし、うまく質問することに
　よって具体的なイメージが出てくるので、質問はできるだけ5W1Hを使うようにする。
　　-What subjects are they studying?
　　-Why do they study so hard?
　　-What do you think of this system?

19分

キーワードを拾うポイント：ここにキーワードがある！
　タイトル、一番最初か最後の結論、各段落の最初と最後
・生徒が答えたキーワードや単語を板書する。
・板書においては、ICTを活用してテキストを入力したり、音声入力を使うなどの工夫も
　役に立つ。
・下線を引く、色文字を使う、間隔を置くなどによる提示。
・生徒どうしでまずキーワードをまとめてから発表させてもよい。

・TODAY's Listening Quiz のPDFを先に見せて解答させてもよい。
　答え合わせは後にするのが原則。状況に拠りここで答え合わせをしてもよい。

Listening Quiz実施の生徒へのサポート例
・Who thinks A, B, C, or D? など適宜サポートする。
・あらかじめニュースの理解を助けるためのキーワードの一覧の、単語のみ発音を聞か
　せたり、意味をつかませたりする。
・音声変化の事例を紹介したり、強弱やリズムの事例を紹介したりして、正確に聞き取
　る力をサポートする。
　①音声変化のレベル：単語の間の音をつなげて読んだり合体させて別の音にすること
　　がニュースでは多い。
　②強弱やリズムのレベル：名詞、動詞、形容詞など重要な意味を持つ単語は強く長く
　　発音されやすい。ニュースでは特に冠詞や前置詞は短く弱く発音されることが多い。

Quizlet、Kahootの活用
・QuizletやKahootとは自分が作ったコンテンツ（単語帳やクイズ）などを、他の人にシェ
　アできるサービスで、単語フラッシュカード、筆記、音声チャレンジ、テスト、ゲー
　ムなどができるようになっている。https://quizlet.com/ja、https://kahoot.it/
・正答率の低い単語は次の授業で上記のソフトを使って再度取り上げるなどしてもよい。

・音読記録表を用いて自分の音読スピードを記録させてもよい。この後の活動でも随時
　記録させてもよい。

4. Practicing スクリプトを用いて意味を確認して、音声化ができるようになるまで練習する。 (T → ss, s ⇔ s)	4. Script を見ながら単語と内容確認 指導 ・スクリプトを配付。スライドの単語・表現の意味及び音声上の確認をする。

5. Reading aloud:Repeating 1）TODAY'S Listening Quiz の答え合わせ Voice：slowly Voice：slowly-pose を使う	5. 音読 指導 1）Let's read through the report. パソコン等の機器を使って音声を流すのでリピートするように指示。 ・Look at the paragraph on the handout. Repeat after the sound. ・Let's check the answers of the listening quiz. ＊リスニングクイズの答え合わせを実施。	A① B① C①
2）Parallel reading	2）パラレルリーディング（オーバーラッピング） 指導 ・「ゆっくり→ナチュラル」の順で実施する。そのあとパラレルリーディングも同様に実施する。	A① B① C①
3）Shadowing（ナチュラル） ・2 回実施	3）シャドーイング（ナチュラル） 指導 If you think you can do, do shadowing./ Try it again.	A① B① C①

STAGE 2

1. Writing 1）Writing the summary 　- 個人でまとめる。 　- 1 つの段落で書く。 　- 自分の考えを書く。 　- 50 語ほどで書く。 　- 1 文はおよそ 10 から 15 語で書く。	1. 書く 言語活動 1）要約を書く	A① A③ B② C②
2）Writing your own opinion. 　- 個人でまとめる。 　- 1 つの段落で書く。 　- 自分の考えを書く。 　- 50 語ほどで書く。 　- 1 文はおよそ 10 から 15 語で書く。	2）自分の考えを書く 　-What is the summary of this article? 　 What is the news about?　このニュースは 　-Summarize this news and write your own opinion in four or five sentences of about 50 words. ・1 つの段落で書くことや 50 語ほどで書く練習をしていると実際の入試問題などにも対応できる。 ・1 文はおよそ 10 から 15 語と指示しておくとだらだらとした文になることを防ぐことができる。	

気を付けよう！
　-誰が、なぜ、どうしたのかを明確にする
　-自分の主張に対する理由も書く。
　- First, Second の定型表現を活用してもよい。
　-余裕があれば反論とその反論に対する解決方法も入れるとよい。
　- 1 つの段落には、主題文、支持文、結論文を含む。

・Listening Quiz の PDF を見させて答え合わせをしてもよい。答え合わせを先にしている
　場合はこの部分はカットして次に進める。
・ゆっくりスピードの音声でリピートをさせる。

音読などの練習法

1. （この前後で）スラッシュリーディング
　英文を語順通りに目で追い意味のかたまりごとにスラッシュ（/）で区切って訳して
　いく練習。スクリプトを見ずにニュースを聞き、意味の区切り目で音声を一時停止
　させ訳していく練習。
　・訳がぎこちなくても意味を捉えていれば大丈夫であると声をかけるなどする。
2. この前後でスラッシュリスニング
　スクリプトを見ずにニュースを聞き、意味の区切り目で音声を一時停止させ訳して
　いく練習。
　・訳がぎこちなくても意味が捉えていれば大丈夫であると声をかけるなどする。
3. パラレルリーディング（オーバーラッピング）
　英語のスクリプトを目で確認しながら聞こえてくる英語音声と同時に発音練習をす
　る方法。実際の英語の発音やアクセント、抑揚、リズムなどを身に付けることがで
　きる。単語の語尾の音に変化が起こる英語に慣れることができる。
4. 日英対照サイトトランスレーション
　1 行ずつ日本語と英語を確認させたりリードアンドルックアップの用法を取り入れ
　たり、これをペアや全体で繰り返してもよい。
5. 意味を頭に浮かべながらシャドーイング
　オーバーラッピングとは違い、スクリプトを見ずに音声が聞こえてきたら影のよう
　に追いかけて声に出してリピートする練習法。リスニングでその集中力が向上し、
　イントネーションやリズムなどの英語音声の特徴を習得できる。スピードの速い音
　声についていけるようになる。
　・シャドーイングは難易度が高いので、最初はオーバーラッピングの練習を繰り返
　　し、慣れてきたらテキストを見ずにシャドーイングすることがポイントである。音
　　声も最初はゆっくりスピードから始めるようにする。

学習指導要領「キーワード」の確認　　　　　　　　　　　　　　　　　　　　12 分

「使用する語句や文」
　・まとまった文章を書く際に有用な語句や文を提示するなどの配慮を教師が行う。
「事前の準備」
　・書く内容についてペアやグループで事前に話し合ったり，伝えようとする内容のア
　　ウトラインを書いたりするための時間を十分確保する。
「論理性に注意」
　・できる限り論理の矛盾や飛躍がないよう，理由や根拠を明らかにするなどして，論
　　理の一貫性に注意する。
「文章を書いて伝える」
　・1 つの段落の文章を書くことを意味しているが，必要に応じて複数の段落で書くこと
　　も考えられる。

2. Exchange opinions ・互いの意見を共有しあう。	2. 意見交換　　　　　　　　　　　[指導] ・互いの意見を共有するように指示。 　（3から4名のグループを作るように指示） ・Share your opinion with yourfriends in your group. Ask your friend: "What did you think about this news?" 発展 　1. 自分の意見を英語で1分間で話せるようにメモを作成する。 　2. ペアを作りスピーカーと聞き手を決める。 　3. 1回目　スピーカーが1分間話す。聞き手はメモを取る。聞き手が質問する。質問に対してスピーカーが答える。 　4. ペアと聞き手を交代して実施。	
3. Revise your writing ・個人で再度ブラッシュアップする。	3. 推敲　　　　　　　　　　　　　[指導] ・個人で再度ブラッシュアップする。	A ① A ③ B ② C ②
Post-TASK 1. Summary for today	1. 本日のまとめ ・教育の在り方は大切であることを再確認する。	
2. Reflection Sheet	2. 振り返りシート 「(4) Reflection Sheet」参照	
SUMMARY ・挨拶をする。	・挨拶をする。	

> **[コラム]　ICT環境整備がアクティブ・ラーニングを支える**
>
> 　次期学習指導要領が実施されるまでに、教室のICT環境は、「ステージ3」と呼ばれる段階に達している必要があるとされています。これは、教室に電子黒板（大型掲示装置）を備え、無線LANが整備され、ノートパソコンやタブレット端末などの可動式PCが、1人1台使える状態です。
>
> 　生徒がPCで作った成果物やテストは、クラウド上に置かれた「個人フォルダ」で各自が管理・保存し、ポートフォリオ化されます。教室の環境がこの段階にまで整備されて初めて、すべての生徒がPCを使ってアクティブ・ラーニング型授業に参加し、ICTによる教育の恩恵を受けられるようになるのです。

What is the summary of this article? What is the news about? Summarize this news in two or three sentences.
・2文か3文ぐらいの英語でまとめさせる。
・この共有の作業は、可能なら実施するということでも構わない。また、何回か繰り返してからの実施でも構わない（それまでは教員が数名の生徒に質問をしてもよい）。

要約のポイント
・要約するということは文章力と読解力を鍛える効果がある。
・ただやみくもに書き始めるとまとまらない文章になることが多い。
・英語の言い換えをすること、結論を取り違えないこと、自分の主張をしないことなどを意識することがポイントである。

発展
・自分の意見をきちんと相手に伝えられる英語を1分間で話すことは発信力の強化にも有効である。

3.
・このあと発表させても構わない。

・社会とのつながりという点において最新のニュースを活用して考えさせることができる。
・他のテーマにも広げていくことができる。

・英語の4技能をまんべんなく向上させる学習ができたかどうかに関して自己評価させる。加えて自由記述でコメントを書かせてもよい。

| 整理 |
| 3分 |

　「ICTとは、『Iいつも、Cちょっと、T使おう』」です。ICTで何ができるかより、ICTツールを使って何がしたいのか、生徒も先生もしっかり考えて活用することが大切です。教師の弱点を補い、よりよい授業を行うための補助として、上手にICTを役立てていただきたいと思います」。

　第5世代移動通信システム（5G）が導入されると、通信速度は飛躍的に向上するといわれています。ICTがもたらす可能性は、教育現場でもおおいに味方につけたいもの。ただし、「いたずらにICTに振り回されるのではなく、まず自分の授業デザインを追及することが重要」でしっかりと地に足のついた運用をめざしたいものです。

コラム　ICT×読む×話す　web-based homework

　ICTを活用し、生徒のインプットとアウトプットをつなげ、家庭での学習を豊かにする実践を紹介します。「"読む"の後に"話す"」授業を、ネットにある素材を利用し、お互いがアップロードした動画を視聴し合うことで実現します。すべてICTの作業ですから、「英語が嫌い！」などと言う生徒も新奇性効果で、積極的に取り組むことが期待できます。

　「読む」については、Nation, I.S.P.（2013）が精読、速読、多読の3つの必要を説いています。読む力が上がらないという場合に、その原因をこの3つの必要から考えましょう。もしこの3つのすべてを適切にやっていなければ「そりゃそうでしょう！」となると思われます。

　では、みなさんの授業はどうでしょうか。授業でよく行われている「読む」はおそらく精読でしょう。速読は10分間！などの問題集で実践されている場合もありますね。でも多読はなかなか実践されていないのが現状でしょう。よって「そりゃそうでしょう！」となるのではないでしょうか。

　多読をするにも「本がない！」という声もあるでしょう。多読のためのgraded readersなどの本があればよいですが、そのような多読用図書がない場合でもどうにかなるものです。その例は下記です。授業の目標や目的によって適切に使って下さい。

・ https://dev.gutenberg.org/ebooks/bookshelves/search/?query=children|christmas|child|school
・ https://www.bbc.co.uk/learningenglish/english/features/childrens-stories
・ https://www.er-central.com/

　なお、多読について必要な理解なしに実践するとうまくいかず、逆効果にもなりかねないので、次などを活用していただいたらと思います。：https://erfoundation.org/wordpress/guides/

　また英文の難易度が不明だ！という場合は、読みやすさを示すリーダビリティを求められたらよいでしょう。リーダビリティは、例えばMicrosoft Word で簡単に求められるのでお勧めです。

　読んだ後は発表です。まず、読んだことをまとめる必要があります。例えば次のサイトの Reading Record & Feedback Sheets を活用すると、発表のアウトラインやメモの作成が可能となります。：https://erfoundation.org/wordpress/useful-resources/ertoolkit/

　最後は、制限付きモードに設定して YouTube に動画を上げます。パフォーマンス豊かな動画を上げるのは生徒にとってわくわくものでしょう。お互いの動画を視聴し、クラスのプレゼンテーションコンテストや学年または全校のコンテストとすることができます。

　これからは、このような web-based homework をうまく授業に活かしていくとよいでしょう。「読むことの後に話す」授業以外にも、ICTを活用すると生徒たちが生き生きと学ぶことができる授業を提供できます。

〈発展学習〉さらにレベルを上げる場合は次のようなTASKが考えられます。

1 アンカーになりきる！

　授業で取り上げたニュースを実際のCNNアンカーになりきって話してみよう。また実際にその動画を撮影して自分でも確認したりクラスで共有して投票などをしよう。

効果 ここで取り上げるニュースは、1本の長さが短く、テンポよく学習を進めることができます。面白くないニュースや記事があっても、短いので対応もできます。様々な分野のテーマがあるので、英語学習のモチベーションを高く保つことができます。

生徒の活動
・個人→ペア→グループワーク
・全文をアンカーになりきって発表する。
・口頭の指示で、活動に取り組む。
・ペア→グループワークで進める。

　ニュースは事実を短時間に正確に伝えることが重要です。そのためシンプルで直接的、かつロジカルな表現を用いるようにします。ビジネス英語も多いのでニュースを通して覚えた英語表現は、そのまま仕事で活用することができます。

　またニュース英語は基本的に丁寧で模範的な言葉遣いです。実際のアンカーを何度も繰り返し視聴して練習に取り組むことが大切です。

2 ビジネスモデルプランを仕上げる！

　クラウド上でスライドを作成して共有 → Debate → Discussion

効果 実社会で必要な高度な技能（情報を集め、活用する力、批判的に考える力、問題を解決する力、議論する力、創造力、他者と協力する力）を身に付け

コラム	ICT活用事例の分類の紹介

（もちろんすべてがあてはまるわけではありません）

①講義主体タイプ	動画・ドリル・苦手克服、一斉学習スタイル
②ドリル主体タイプ	ドリル・テスト、個の学習スタイル
③ゲーミフィケーションタイプ	ゲーム感覚の学習、動機付け、協働学習スタイル
④インフラ一括提供タイプ	端末・ネットワーク環境、個の学習スタイル
⑤遠隔授業支援タイプ	国内外との連携、ビデオ会議やSNSなどを活用した交流学習

ることができます。

　実社会に必要なスキル（ディベート、討論、プレゼンテーション、レポート・小論文作成など）を習得することができます。

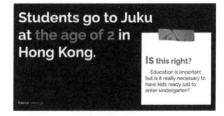

生徒作品例

生徒の活動

　課題を自分でまとめ、さらにその解決方法を考え、まとめ、ビジネスモデルプランを仕上げます。そして互いに意見交換をしてブラッシュアップさせることによって世界の様々な問題や様々な考えを共有します。

・個人→グループワーク
・今回のテーマの自分たちの意見や考えのまとめ：解決策を考えてスライドにまとめます（クラウドサイト活用）。
・互いに共有して意見交換を行います（グループディベート、ディスカッションへつなげる）。

　グループワークやプロジェクト学習では互いに協力し、互いに学び合う、高

・個人で play をキーワードにマインドマップ　　・グループでこの問題をいか
　　　　　　　　　　　　　　　　　　　　　　に解決するか提案

め合う姿勢を大切にします。地球市民としての責任感や幅広い視野を身に付
けることを大切にします。

┤コラム├　　　　　　　　　　**語彙指導**

　いきなり教員のモデルの後を追う練習をするのではなく、意味、音、
綴りの関係を生徒が理解するステップ①を経て、発音のコツを説明し、
定着のための練習を以下の順で行います。

　①教員は日本語の意味を口頭で述べ、発音し、生徒は綴りを見る。

　②教員が発音のコツを説明し、英語モデルを発声し、生徒が繰り返
　　す。

　③教員が日本語を発声し、生徒が英語を言う。

　②では次の3つの点を説明し、練習します。練習にはスマホの音声
認識エンジンで文字化できるか試すのも一案です。

［個別音］

　少なくとも、次の英語の発音については、繰り返し説明と練習を
繰り返すようにします。日本語にはない音で、時間をかけて練習を
重ねることでようやく身に付くものです。

　・日本語にないアの音[æ][ɑ][ʌ][ər]　　・2重母音[ou] [ei]

　・日本語にない子音[f][v][r][l][θ][ð][ʃ]

　これらの音は、次のリストの単語にあらわれています。一例とし
て、「[æ]」は「ア」を言うときの唇を左右に引っぱるようにして、「エ」

を同時に言う感じで発音します」と説明をします。モデルを出す際に教員の口元に注目させ、反復練習を行います。

　・[æ] h*a*nd, *dra*g, *tra*nquilizer

　・[f] *f*ollow,　　　　・[ʃ] *sh*oot　　　　・[r] [l] re*l*ease

［子音の連続］

　日本語では「子音＋母音」で音を作りますが、英語では、母音が入らない子音の連続です。in*str*uction では、ストラ sutora でなく str の違いです。基本練習として、str にアイウエオをつけて stra stre stri stru stro の練習すると効果的です。*dra*g *tra*nquilizer も練習します。

［リズム］

　さらに、上記の子音の連続とも関連する強弱から成るリズムの練習です。

　　　●●●●●●●●　　　　　　●　● ● ●

　　　トランキライザー　　　　　tran-qui-li-zer

　　ダーダーダーダーダーダーダーダー　　　　　ダータ タ タ

日本語は子音＋母音が同じ強さ8つの音のつながりです。英語では、強＋弱＋弱＋弱の4つの音のつながりです。まず、強い音を「ダー」、弱を「タ」で置き換えて、リズムだけをできるようにします。その後、英語の音で挑戦してみると、うまくいくようになります。

IV

Jump
「主体的・対話的で深い学び」の英語授業　発展編

4 技能・五領域の統合の「ジグソー法」

1. 授業のねらいと学習指導要領

　世界的な教育改革の潮流と、これまで日本で蓄積されてきた研究開発学校などの成果を踏まえて、国立教育政策研究所（2012）が、「21世紀型能力」の育成の必要性をまとめました。「基礎力」（言語的リテラシー、数量的リテラシー、情報リテラシー）、「思考力」（論理的・批判的思考力、問題発見解決力・創造力、メタ認知）、「実践力」（自律的活動力、人間関係形成力、社会参画力・持続可能な未来への責任）という3層構造です。

　これらの3つを英語教育に当てはめます（図Ⅳ-1）。「基礎力」とは、構文、文法、単語、読解、音読などです。「思考力」とは、問題の解決などのために英文資料を批判的に読み、新しい解決策を探り、発信することになります。その思考力を使い共同学習活動に、積極的に参画していくのが「実践力」でしょう。実践力には、自律した個々人がお互いに援助し合うことが必要です。今までの英語教育では基礎力に時間を割いていました。ペアワークが行われるようにはなりましたが、その核に「自律・援助」を育成するという意識はそれほど高くありません。例えば、不定詞の練習のためのペアワークでは、目標文法事項が正しく使えるかどうかが重要です。パートナーについて知ろうとか、お互いに助け合って協調精神を養う認識は低いです。英語から日本語、日本語から英語への変換にある種の思考力は用いてはいますが、英語を通じて問題解決のために思考力を使用するということが欠落しているのではないでしょうか。

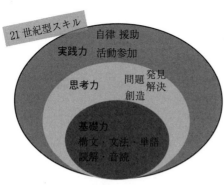

図Ⅳ-1　英語教育での21世紀スキル

　学習指導要領と 21 世紀型スキルの関係を見てみましょう。高等学校外国語科の目標は、「外国語によるコミュニケーションにおける見方・考え方を働かせ，外国語による聞くこと，読むこと，話すこと，書くことの言語活動及びこれらを結び付けた統合的な言語活動を通して，情報や考えなどを的確に理解したり適切に表現したり伝え合ったりするコミュニケーションを図る資質・能力を次のとおり育成することを目指す」とあります。

　本節で取り扱う事例は、コミュニケーション英語Ⅰの題材を発展的に展開し、21 世紀型スキルの育成をめざしたジグソー法です（後述）。ジグソー法で与えられた課題を解決するために（思考力）、参加者が責任を持って（実践力）、異なる情報を持ち寄る（基礎力）ものです。「やり取り」を含めた 5 つの領域の総合的な指導を行います。特に聞いたり読んだりしたことの概要や要点を目的に応じて捉えたり、基本的な語句や文を使って情報や考え、気持ちなどを話して伝え合うやり取りを続けます。論理性に注意して話したり書いたりして、伝えるまたは伝え合うことなどができるようになることを目標としています。実は、21 世紀スキルと学習指導要領がめざすことは一致しています。

2. ジグソー法

(1) ジグソー法の説明

　ジグソー法とは、共同学習を促すために Aronson & Patnoe（1997）が編み出しました。1 つの長い文章を 4 つの部分に切ります。エキスパート班で集まります。切られた 1 つの部分が与えられ、協力して情報を報告できるようにします。ジグソー班に、それを持ち寄って互いの情報を紹介し合います。ジグソーパズルを組み立てるように全体の理解をして、協力して課題を解決する手法です（図Ⅳ-2）。

(2) ジグソー法の手順

1）テーマ提示

　クラス全体に課題を説明します。一人一人に番号が振られ 4 名のジグソー班が設定されます。

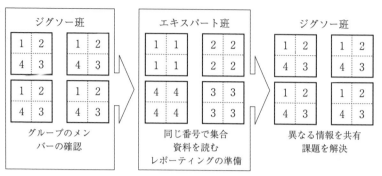

図Ⅳ-2 ジグソー法での班活動

2）エキスパート活動

同じ番号で集まりエキスパート班を作ります。エキスパート班では協力して資料を読みます。キーワードを抽出し、そのキーワードをもとに自分の英語で要点をレポーティングできるように準備します。ペアになり、報告のリハーサルを行います。お互いにアドバイスをし合います。

3）ジグソー班でクロストーク

ジグソー班に戻り、レポーティングを行います。聞き手としての望ましい態度を養うことも重視します。異なる資料を共有し、与えられた課題解決のための話し合い（クロストーク）をします。

4）シェアリング

再度、エキスパートで集まり、それぞれの結論を伝え合います。終了後、主題として、その結論をライティングとして提出します。

（3）ジグソー法の利点

従来の20世紀型英語教育とジグソー法で展開できる21世紀型の英語教育を4技能で比べます（図Ⅳ-3）。20世紀型の英語教育の実態は、テストのための授業が行われ、4技能は単独スキルとして分断されてきました。

特に、大学入試がその悪い波及効果を及ぼしていたからです。リーディングは和訳で試されました。概要や書き手の意図が学習の対象とはなりません。スピーキングはペアワークとして授業で扱われるようにはなりまし

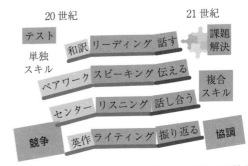

図Ⅳ-3　英語４技能　20世紀型21世紀型の比較

たが、学習活動の核とは捉えられずに形骸化されています。また、高校２年次後半からは、受験とは関係がないとされ、排除されてしまいます。リスニングはセンター試験に導入され、教室に音声が響くようにはなりましたが、授業では２度音源を聞いて選択肢を選ぶ様式のリスニングが主流となりました。ライティングは、一部の大学入試で扱われていますが、和文英訳として出題されることが多く、自分の意見を書く問題は少ないです。このように、教科英語が単独スキルとして、選別の道具として利用されています。特に、高校の授業は、大学入試対策として位置づけられることになっています。ひどい場合は生徒間に過度の競争を強いり、本来の英語教育の意義を破壊しています。

　それに対して、ジグソー法では、課題解決をジグソー班での話し合いで行います。まさに21世型の教育モデルに合致します。エキスパート班でリーディングを行いますが、これはジグソー班でのレポーティングのために行います。リーディングはスピーキングを行うためにします。うまくできなければ話し合いが成立しないため、責任が伴います。レポーティングでは、きちんと情報を伝えることが至上命令となります。レポーターの言うことを漏らさず聞き取る責任をメンバーが担うこととなります。スピーキングが他のメンバーのリスニングを支えます。聞き手は、繰り返しを求めて、メモをとり情報を受け取ります。資料全体の情報が、パズルを組み合わせるように揃えば、より高度な思考を用いる話し合いが始まります。やり取りを介してスピーキングとリスニングが絡み、課題解決に取り組みます。話し合いで到達した結論をライティングで

残します。スピーキングとリスニングをライティングで残します。以上のように綿密に4技能が機能的に絡まり、複合スキルの鍛錬にもってこいです。そしてそこでは、競争よりもお互いが質問し合い、援助し合う協調が育まれます。

3. 授業の題材・教材

　2016年5月28日、アメリカのオハイオ州の動物園の絶滅危惧種ゴリラの飼育エリアで、3歳の男児が保護柵を越えて、3メートル下の堀に落ちました。母親が助けを求め、周りの人も騒然となりました。体重180キロ、17歳の雄ゴリラ、ハランベは、男の子を浅い堀の中で引きずる行為を断続的に行いました。人命救助を最優先にゴリラは射殺されました。

　この事件が起こった時期に、筆者は普通科高校1年次の「コミュニケーション英語I」で、ゴリラのコミュニケーションについての課を扱っていました（Lesson 4 Gorillas and Humans *LANDMARK Communication English I*啓林館）。

　そこでは、ゴリラは暴力を嫌う平和的な生き物であり、視線で喧嘩の仲裁を行うことが紹介されていました。発展的な活動として、「人命救助」か「絶滅危惧種保護」かというモラルジレンマを扱い、高度思考を使うのに適した素材であると判断しました。そして、ジグソー法を利用することにしました。エキスパート班で、①飼育係、②獣医、③安全対策係、④管理係が考えるだろう解決策を理解し、ジグソー班で最善の策を話し合わせました。2時間（1コマ目と2コマ目）を用いました。本節の後で提示する①〜④の英文資料（130ページ）は、筆者が作成しました。1コマ目はエキスパート活動を経て、ジグソー活動のレポーティング前、2コマ目は、レポーティング内容の確認から始めて、クロストークで最善の策を決定して、再度エキスパート班でその策を発表しました。宿題として最善策をライティングでの提出を求めました。

Discuss how to save a boy

A three-year-old boy got through a fence and fell into the water in front of some gorillas at a zoo in the US on May 28. These gorillas are on the list of endangered species and are in danger of being extinct. A male gorilla named Harambe found the boy. He held the boy and pulled him to one corner. Harambe weighed over 200 kilograms and was very strong. Now zoo visitors gathered around the fence. Harambe started to drag the boy violently and people started to shout. What should the zoo officials do?

コラム　主体的、対話的、深い学びのために

　教師が日頃から世界の出来事に興味を持っておくことが大事です。激変する時代には「おかしいぞ」と思うようなことがたくさん起こっています。世界の出来事と教室を結びつけるための発問を投げかけましょう。このゴリラの射殺の件は特に、「人命救助」か「絶滅危惧種保護」に関して、アメリカで議論を巻き起こしました。映像も入手可能でした。そして、生徒自身にも「なんか変だぞ」と疑問を持たせ、じっくりと考えてもらうにふさわしいテーマだと思い、この活動を実施しました。そして、ただ個人で考えるのではなく、生徒間で疑問を共有し、考える機会を設けました。グッと前のめりになり、お互い異なる考えを交換するようにしむけます。なるほど、きっかけは教師が提供していますが、話し合いに「主体的」に取り組み、「対話」を通して、課題の解決を探るようになり、「深い」学びにつながりました。ただ単に語学としての英語学習ではなく、実際の事件や課題解決のために英語を使用する体験を授業で持ってもらいたいものです。日頃からのアンテナのはり方で、教室に質の高い発問を持ち込みましょう。

4. 本時の目標

・ニュースに取り上げられたモラルジレンマについて、ある視点から必要な情報を読み取り、その概要と要点を他者に伝えることができる。

・モラルジレンマ解決のために異なる視点からの意見を聞いて理解できる。

・持ち寄った意見について話し合い、より深い思考を通して解決策を決定できる。

・決定したことを論理的に他者に伝えることができる。

・グループ活動において、知らないことは質問し合い、困っている点を援助できる。

5. 本時の評価規準

A　知識・技能	B　思考・判断・表現	C　主体的に学習に取り組む態度
〈知識〉 ①基礎力、思考力、実践力の関係を理解している。 ②道具、行動、哲学に関わる語彙と表現を理解している。 〈技能〉 ③資料を読んでキーワードをメモできる。 ④キーワードを見て主語＋動詞のそろった文で筋道を立てて道具、行動、哲学を伝えることができる。 ⑤最善の解決策を話し合い、結論を筋道を立てて他者に伝えることができる。	①まとまりのある文章から、道具、行動、哲学を見分ける。 ②道具、行動を支える哲学を他者に伝えることができる。 ③異なる解決策の利点、欠点を比較できる。 ④最良策を判断できる。 ⑤決定した策を道筋を立てて口頭で説明できる。 ⑥決定した策を道筋を立てて文章で説明できる。	①基礎、思考、実践の3層構造を理解して、ジグソー法に積極的に取り組もうとしている。 ②責任を持ち情報を伝え合う。 ③不明なことをお互い援助できる。 ④分かりかけていることを協力して解明しようとする。

＊以上の「4. 本時の技能別目標」と「5. 評価規準に」につきましては、本実践が5領域に絡む大がかりな指導実践になりますので、「参考資料」の枠組みを参酌しつつもその記述は実際の授業に即した目標と学習評価を示すことにしました。

6. 準備

(1) ジグソー活動で用いる語と表現

Vocabulary
①傷　injury　　②〜に従う　follow　　③拡声器　hand speaker
④指示　instruction　⑤〜を開放する　release　⑥〜を引きずる　drag
⑦鎮静剤　tranquilizer　⑧〜を銃で撃つ　shoot

【留意点】

　英語でアウトプットを意識させるため、日→英の順番にしています。前時にオーラルワークを行い、家庭学習で練習するようにすると効果的です。エクセルで日英のリストを作成し、Quizletで練習素材をネット配信することもできます。このサービスは、スマホでも学習できます。単語の読み上げも提供しています。

Useful sentences to report in your group
①【Position】I am ....
②【Tool】I will use ....
③【What to do】I will use it to 〜 .
④【Philosophy】The best way is to 〜 because....
　　　　　　　I think my idea is the best because ....
　　　　　　　I think that it is important for us to 〜 .

【留意点】

　リハーサルの1回目には提示しません。1人目のリポーティングリハーサルの後で、これを提示して、使用を促すと効果的です。アウトプットを試みて、うまくいかなかった点を補填する表現となり、取り組み意識が高まり、定着も進みます。アウトプット→失敗→気づき→修正→再挑戦→検証の流れを体験させます。今までは、前もって説明→練習→挑戦の流れでした。そして、失敗は練習不足として叱責されるものでした。経験学習モデルでは、失敗は気づきや修正のためとして肯定的に受けいれるようにします。

(2) 生徒が行った後、サンプルとして行うレポーティング例

> I am an animal keeper. My gestures and eye contact will be the answer to the problem. I communicate with Harambe every day using gestures. I will use eye contact to ask Harambe to release the boy. I think it is important for us to understand that gorillas can communicate with us. My idea is the best because no force is used. (62 words)

【留意点】

　前もって準備して、語数を確認します。これをもとにリハーサルやリポーティングの時間を決めるとよいです。また、生徒のリポーティング後、そのままになりがちですので、これをモデルとして行い、生徒の行ったものと比較させます。振り返りをより実効的なものにすることができます。

　この準備によって、私たち英語教員の英語力を伸ばすことができます。設定時間で要領よく話すことが徐々にうまくなります。筋道をどう立てるか、ポーズをどう利用するかなどの工夫を行います。これまでは、この準備をせずに、生徒にやらせっ放しにすることが多かったのではないでしょうか。

(3) ジグソー・エキスパート班編成表

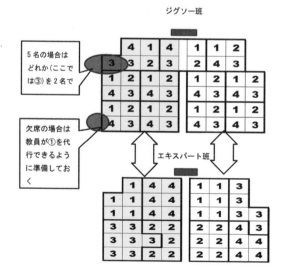

【留意点】

45名クラスの例

①大人数対応のため、左右2つのブロックに分けて、その中で班を編成します。

②ジグソー左上の班は5名編成で、3が2人で活動します。

③欠席が出る場合（削除）

　　・エキスパート班：配慮なしでよいです。

　　・ジグソー班：教員が班に加わり①の資料でレポーティングします。

④エクセルで作成してプロジェクターで提示すると時間が節約できます。

(4) 協働作業を助けるポスター

教室掲示用ポスター①

エキスパートでの協力の原則
目標：お互い学び合おう

全員が理解し、ジグソー班で報告する
【わからない点は】
1 I don't understand this.
　これがわからない。
2 What does this word mean?
　この語の意味は？

【わかっていたら】
1 親切に教えよう
2 教えることで学べる
【リハーサル】
1 時間内にできるよう
2 アドバイスをもらって修正

禁止ルール
黙っていない。関係ない話はしない。

教室掲示用ポスター②

ジグソーでの協力の原則
目標：わかりかけていることを
言葉にして「解」を導こう

お互いが話し合うために
【話し手】
1 相手を向いて話し、伝わり度を確認
Eye contact.
2 笑顔でちゃんととどく音量
Smile! Nice and loudly!

【聞き手】
1 聞こえないときは繰り返してもらおう
Could you repeat that?
2 うなずきや合いの手を
Oh, I see!

禁止ルール
関係ない話はしない。

【留意点】

　ポスタープリンターでA3のサイズで印刷します。ポスターを示し、エキスパート班とジグソー班活動の際に説明します。特に禁止ルールをあらかじめ明確にしておくと効果的です。活動中も班を回りながらポスターの項目を

指さして、注意を喚起できます。

(5) ジグソーグループで理解する資料４つ（資料①〜④）

① Animal Keeper

Don't panic! I will use gestures and eye contact to give simple instructions to Harambe. It's an easy job. I can communicate with Harambe. I will come to him and ask him to release the boy. He can understand me. Without using any force, the boy will be back.

② Veterinarian

I will use a tranquillizer gun. It is very useful for catching violent wild animals. I just shoot the dart quietly. The dart easily hits Harambe. It takes about 15 minutes to put Harambe to sleep. When he is asleep, we can get the boy. It is easy to use. It causes no injury.

③ Maintenance worker

I will use a hand speaker and tell zoo visitors to move away from the fence. Harambe seems to be violent because they are watching and making noise. When the area is silent, Harambe will be kind to the boy. People should understand gorillas are not violent.

④ Security staff

An animal's life or a life of a boy? I will use this rifle. I will hold it carefully and watch Harambe. I have to shoot Harambe to death because the gorilla can't control his behavior. The boy is in danger. If we don't act now, the boy will be dead. His life is much more important.

【留意点】

　　ほぼ同じ量、難易度となるようにします。たまに、教科書の英文を分割しただけのジグソー法を見ることがあります。この場合は、それぞれが独立し

た文章となるようにします。人物や場所を示す代名詞はもとの名詞で明示します。英語学習の苦手な生徒が多い場合は、難易度の高い語句をやさしく言い換えるとよいでしょう。また、理解を助ける写真やイラストの利用も工夫します。

(6) 要点を書きとめるメモ用紙

		Tool	What to do	Philosophy
		道具（名詞）	行動（動詞）	哲学
1	Keeper （飼育係）	・*gestures* ・*eye contact*	・*ask Harambe to* *release the boy*	・*communication* ・*no force*
2	Veterinarian （獣医）	・*a tranquilizer* ・*a gun*	・*shoot the dart* ・*put to sleep*	・*easy to use* ・*no injury*
3	Maintenance Worker （管理係）	・*a hand speaker* ・*not violent*	・*tell the visitors* *to move away*	・*people can* *understand*
4	Security Staff （安全対策係）	・*a rifle*	・*watch* ・*shoot Harambe* *to death*	・*in danger* ・*human life*

＊配付時は表内の斜字体は空欄。2コマ目の最初に記入済みのシートを配付するか板書する。

【留意点】

　本実践では、テーマは教科書から取り、資料英文はジグソー法で用いることを念頭に自主作成しました。その際、4つの案を比較しやすいように、上記の「道具」「行動」「哲学」の項目を意識して書き下ろしました。これらの項目自体が高次思考につながっています。様々な場面で用いることのできる汎用性の高い思考の枠組みの基盤を構築することに貢献します。

　教科書本文の場合はどうでしょうか。現行の教科書は文法シラバスで編成されていて、このような項目での分析を行うと、比較すべき点が抜けていたり、同じことの繰り返しになっていることが少なくありません。そうしてこの例のようにはうまく適用できません。しかし、このような項目を設定して読解に取り組むとよいでしょう。そうすると、教科書の弱点が浮き彫りになってきます。

　Mutually（お互いに）、Exclusive（重複せず）、Collectively（全体に）、

Exhaustive（漏れがない）の頭文字を取った用語にMECEがあります。教員がMECEを意識して、批判的な読みを自分のものにするためにも、このような枠組みを利用することをお勧めいたします。

（7）事前事後に使用するルーブリック

エキスパート班			
	情報収集	協力（学び合い）	リハーサル
5	苦も無くキーワードを選ぶことができた	全員が協力して十分な相談ができた	十分な相互チェックができ、自信を持てた
4			
3	キーワードを選ぶのに迷うことがあった	協力する時間があったといえる	お互いの指摘で弱点を確認した
2			
1	キーワードを並べただけ	個人作業が多かった	個人作業、沈黙が目立った
ジグソー班			
	情報報告	話し合い	Final Presentation
5	キーワードを用い、きちんとした文で報告できた	他者の意見を尊重し、比較し、納得の結論とした	十分説得力のあるプレゼンができた
4			
3	キーワードを中心になんとか報告できた	十分な話し合いで、グループの意見がまとまった	グループの結論と理由を伝えることができた
2			
1	キーワードを並べただけ	沈黙が長く、中途半端	大まかな点を伝えられた
Points that you need to improve（改善が必要な点）			
			／30

【留意点】

　エキスパート活動では、21世紀スキルの基礎力、思考力、実践力を項目に盛り込みました。（基礎力）キーワードで情報を整理する、（実践力）わか

らないことは質問し助け合う、リハーサルを活かすを項目としました。ジグソー活動では、（基礎力）文で報告する、（思考・実践力）話し合う、（思考・実践力）再度エキスパートに戻っての結論の報告の3項目としました。レベルは基本の5、3、1を設定し、迷う場合は中間の点数4、2を付けるように工夫しました。また、Points that you need to improveでは、ルーブリック項目以外で、自分の弱点に気づき、その解決策を考える機会を与えるようにも配慮しました。

（8）ライティング用紙

Sample Frame for Writing: *Our conclusion is the animal keeper's idea is the best. If we use ..., we can .... The most important point is that....*

_____

_____

_____

_____

_____

Class (　　　) No (　　　) Name (　　　　　　　　　)

【留意点】

話し合いをそのまま放置するのではなく家庭学習でのライティング課題とするための用紙を用意します。無答を避けるために次の工夫を行いました。まず、出だしに結論を書き、発言の立場を明示します。次に、道具とその用法を述べます。最後に、哲学について述べます。こうすることで、主張Point、理由Reason、例Example、主張Point（頭文字をとってPREP）を念頭に、筋道を立てて述べるように援助しました。まず、アウトプットをさせてから「気づき」「修正」の流れで行いたい場合は、これは提示しません。PREPで書かれたモデルを示し、自分のライティングと比較させます。

コラム 各教科等の指導におけるICTの効果的な活用に関する参考資料 [1]

　各教科等の指導におけるICTの効果的な活用に当たって参考となる資料を文部科学省が作成しました。2020年9月時点から随時更新されていく予定のようです。

　学校での実践事例に基づき、「主体的・対話的で深い学び」の視点から授業改善を行うに当たって、参考となりますので、研修や日々の授業の改善などにどうぞご活用ください。

　中でも「外国語の指導におけるICTの活用について」[2] は下記のような資料となっています。

1. 外国語教育とICT

　　学習指導要領の目標

　　外国語教育におけるICT活用の利点

　　公立小・中・高等学校でのICT活用状況

　ここではICT活用が、学習指導要領外国語にどのように位置づけられているか、また、全国でどのくらい活用されているかなどが解説されています。

2. 外国語の指導におけるICTの活用事例

　　言語活動・練習

　　交流・遠隔授業

　　コンテンツ・授業運営

　ここでは実際に学校で行われているICTを活用した取組事例やアイデアが、【言語活動・練習】【交流・遠隔授業】【コンテンツ・授業運営】の3つの類型に分けて紹介されています。

1) https://www.mext.go.jp/a_menu/shotou/zyouhou/mext_00915. html
2) https://www.mext.go.jp/content/20200911-mxt_jogai01- 000009772_13.pdf

コラム　学びのユニバーサルデザインを考えよう

　1つの教室に生徒が40人いると、ユニークな特性のある生徒がいます。たとえば、同時処理ができる生徒や継次処理傾向の生徒、音の選択や弁別が苦手な生徒、注意集中が苦手な生徒、衝動性と多動性のある生徒など、生徒の数だけ生徒のカラーがあります。ゆえに、授業における「多様性」は大切なキーワードとなります。

　情報の受け取り方1つをとっても、授業中に教員からの情報を生徒がどのように認識し、理解するかは、それぞれの生徒によって当然異なります。視覚や聴覚など感覚器官に困り感のある生徒や学習障害のある生徒が授業の学習内容を理解するためには、それぞれの異なった方法が必要です。生徒に対して教員が、授業で多様な伝達手段を活用している時こそ、生徒は既習内容と新しく学習した内容を効果的に結びつけていくことができます。すべての生徒に最適な1つの情報提示方法というものがあるのではなく、その生徒にとって効果的なアプローチを複数組み合わせることが大切ではないでしょうか。

　生徒の課題を見える部分のみで、表層的、一面的、近視眼的に捉えるのではなく、全体を俯瞰し、様々な要素のつながりとして理解して、本質的な原因を見通し、最も効果的な解決策を生徒とともに見いだそうという姿勢が必要です。

　生徒へ効果的に指導をするためには、医学や心理学の知見に基づくものだけではなく、社会学、生物学、脳科学、認知神経科学等、近接領域の学問が持つエビデンスや知見を踏まえ、統合的にアプローチすることが求められます。

　学習障害の診断は医師だけではできません。たとえ診断できたとしても、医師のみでその指導をすることは困難です。これは教員が担う教育の領域です。

　さらに、学びのユニバーサルデザイン（UDL）では、学習のつまずきを認知的・言語学的視点から捉え、今日からできること、すべきことを共に考えることが必要でしょう。

> ### コラム　スパイダー討論（SWD）とルーブリック

　北米名門寄宿制中等教育機関で、10 ～ 20 名の生徒（及び先生）が、円形テーブルを囲んで質疑応答を行うソクラテス・メソッドの授業があります。ハークネス・メソッドと呼ばれ、1930 年代に、"Learning should be a democratic affair." という理念で開発されました。人の意見を聞き、吸収し、自分の見解を構築し、伝え、高いレベルの発言が交わされます。

　このハークネス・メソッドに感銘を受けたWiggins（2017）は、これを多くの学校で使えるようにしようと考え、試行錯誤の上、Spider Web Discussion（SWD）を考案しました。Synergetic（チームの相乗効果）、Practiced（振り返りを入れて継続的に練習）、Independent（最低限の教師の介入）、Developed（討論の深まり）、Exploration（討論を通した探究）、Rubric（簡便な評価）の頭文字を取ってSPIDERと名付けました。生徒の名前が書かれた紙に発言の軌跡を残します。Aが話し、次にBが話せば、AからBに線を引きます。発言の特徴を記号でメモし、理想的な話し合いをめざします。うまくいけば軌跡はきれいな蜘蛛の巣になります。

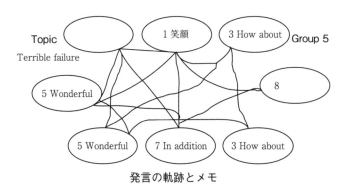

発言の軌跡とメモ

　SWDではルーブリックが重要です。この発展編のジグソー法と同じように、2つの役目を果たします。討論前には、生徒たちが自らの力で話し合うための目標になり、討論後の振り返りのポイントとなります。項目には、平等、関連、敬意、注意、挑戦などがあります。「恥ずかしがり屋」は発言するように、「話したがり屋」は他の参加者が話せるようにすることも盛り込まれています。Wigginsが示している例のほとんどは、母語での内容学習で行うためのもので、項目のほとんどが、コミュニケーション能力やリーダーシップ、ファシリテーションスキルです。

　筆者は、これを日本の英語教育に沿うように、言語に関する項目、例えば「主語と動詞で話す」を合わせて改訂し、SWDに挑戦しました。まだまだ、課題も残っていますが、「みんなで楽しくやれてよかった」という振り返りを得ています。特に英語が苦手な生徒にとってのSWDは難しすぎないかと心配しましたが、逆に、肯定的な意見があり、頑張ろうとしていました。

　多くの先進国の教育には、民主的な話し合い方式が根付いています。日本ではクラスサイズや入試制度などの課題があり、知識偏重の授業で精一杯となっています。知識だけでなく、多面的な思考、表現、プレゼンテーション、そしてディスカッション力の育成を英語の授業にも取り入れる必要があると思います。日本の若者が、世界と協働的な関係でつながり発展に貢献していくために、ルーブリックを活用したSWDやジグソー法が広まることを期待したいものです。

7. 本時の活動指導計画

1 コマ目

生徒の活動	教師の指導・支援	評価
・挨拶をする。 【21 世紀スキル】 1. 21 世紀スキルについて考える。基礎力、思考力、実践力とはそれぞれ何か？ 2. ペアで意見交換する。 21世紀型スキル／実践力／思考力／基礎力	・挨拶をする。 【ジグソー法と 21 世紀スキル】 1. 21 世紀スキルについて質問する。 2. ジグソー法のねらいを説明する。 　・基礎力を育成しながら、思考力を養成していく。 　・思考力は、協力体制の整った協働学習形態で伸ばしていく。 【ねらい】 英語における基礎、思考、実践力の 3つを鍛えるためにジグソー法を用いて問題の解決策を探る。	基礎力、思考力、実践力を理解したか。
【語彙活用練習】 Vocabulary and expression 意味を確認して、音声化ができるようになるまで練習する（T → ss, s ⇔ s, ss）。	【語彙指導】 日→英の順で確認し、英語のモデルを提供し、オーラル・ワークで定着をはかり、日→英ができるようにする。	日→英ができるか。
【テーマ理解】 *Discuss how to save a boy* を読む。	【テーマ提示】 1. YouTube で子どもが引きずられる映像を見せる。 2. 「もしもあなたが動物園のスタッフならどうするか」と問いかける。 3. ジグソー法を用いてグループで解決策を見つけ出すことが目標であることを伝える。	目標が理解できたか。
【目標と評価の理解】 ルーブリックを読み、ジグソーで行うべき事項を理解する。	【目標と評価の説明】 1. エキスパート班、ジグソー班の説明をする。 2. ルーブリックで活動の目標を説明する。 3. ポスターを掲示して説明する。	ルーブリックで活動の目標と評価項目を理解したか。
【エキスパート活動】 1. エキスパート班に集合する。 2. 協力して、資料からキーワードを抜き出し、要点をまとめる。 3. 要点を書きとめるメモ用紙を埋める。	【エキスパート活動の支援】 1. エキスパート班を設定する。 2. 各班にそれぞれ資料①②③④を配付する。要点を書きとめるメモ用紙は全員に配付する。 3. キーワードを選択させる。 4. 制限時間 8 分を守らせる。	キーワード選択の話し合いが進んだか。 ルーブリック：ジグソー班 ・情報収集 ・協力
【レポーティング：リハーサル】 話し手 1. 設定時間を有効に活用する。 2. 相手を意識して話す。 3. 届く声を出す。 聞き手 1. 健闘を称える。 2. 適切なアドバイスをする。 ・1 人目の話し手が終了すると、Useful sentences to report in your group を活用し、2 人目のリハーサルをする。	【リハーサルの指導】 キーワード選択後、S+V の揃った英文で語ることができるかを 75 秒でリハーサルさせる。 1. ポスターを掲示して説明する。 2. ペアを組ませる。 3. 計時する。 4. 始めと終わりを知らせる。 5. 最初の生徒が終了したら、Useful sentences to report in your group を示し活用を薦める。 6. レポーティングと聞き手の役割を変えさせる。	75 秒を有効利用しているか。 アドバイスができているか。

観察の視点	学習指導案作成上の留意点と指導のコツ	時間
ペアでの話し合いを観察する。	【21世紀スキルの要点】 21世紀はVUCA（ブーカ）と呼ばれる。現代の複雑化する風潮を表した言葉で、Volatility（変動性）、Uncertainty（不確実性）、Complexity（複雑性）、Ambiguity（不透明性）の4つの頭文字をとって並べた。これ以外に、21世紀は、 ・AIが、単純で繰り返しの多い仕事をする時代 ・国境を越えて考えなければならない問題が山積み ・ネットワーク時代で情報は入手しやすい状況 などの特徴があることを説明し、その時代で求められる英語力を基礎、思考、実践力に分けて考えさせる。	挨拶 1分 導入 3分
生徒の反応を捉える。	【語彙の事前指導】リストの語彙をクラス全員が使えるようになることがジグソー活動の成功につながることを力説する。	語彙 5分
生徒の反応を捉える。	【テーマの導入】 人命を守る↔絶滅危惧種の保護。対立する考えの一方をとると他方が成り立たないジレンマがあることを説明する。	テーマ 3分
生徒の反応を捉える。	【ルーブリック】 事前では目標、事後では自己評価に用いる。 【ポスターでの班活動の説明】：してはいけないことを強調する。 1. 関係ない話をする。 2. 無関心で非協力的な態度をみせる。 3. 沈黙を続ける。	説明 5分
メモの埋まり具合を目視する。孤立せず学び合いが成立しているか。	【実践力】 「質問をする力は大事な力」と機会あるごとにクラス全体に伝える。 【時間管理】 時間制限をかけないとダラダラしてしまう。「5分経過」などと経過時間を知らせながら、時間管理の意識を高める。	情報収集 8分
ルーブリック： エキスパート班 ・リハーサル	【時間管理】 教員が事前に発表にかかる時間を計っておく。今回は30秒。生徒にはその2.5倍くらいの75秒を設定する。 【実践力】 ポスターで心構えを説明する。 【思考力】 Position、tool、what to do、philosophyを意識して筋道を立てて話すように導く。	リハーサル 7分

| 【ジグソー班でレポーティング】
レポーター
1. 落ち着いてメンバーに伝える。
2. ゆっくり大きな声で。
3. Read and Look-up で聞き手のメモの状況を確認する。
リスナー
1. 聞きながら重要事項と詳細事項を区別する。
2. キーワードのみをメモする。
3. 聞き取れない重要事項は繰り返してもらう。 | 【レポーティングの支援】
1. ジグソー班に戻らせる。
2. 再度、ポスターを掲示して説明する。
3. リハーサルにメモ＋繰り返しの時間の 30 秒を加算した制限時間 105 秒を知らせる。
4. レポーティングの際のレポーターとリスナーのポイント（右記）を説明する。 | 時間を無駄なく有効に使っているか。

道具、行動、哲学が筋道を立てて説明できているか。 |

2 コマ目

生徒の活動	教師の指導・支援	評価
【レポーティングの内容確認】 1. ジグソー班に集合する。 2. 教員のモデルを聞きながら、前時作成の資料①〜④のメモに大きな間違いがないか確認する（必ずしも、モデルと同じでなくてよい）。	【レポーティング：モデル提示】 教員がレポーティングしながら、資料①〜④のメモのサンプルを提示する。 ・余裕を持ってゆったりと語る。 ・効果的なポーズ、繰り返しを工夫する。 前時の生徒自身のレポーティングと比較させる。	重要情報の抜け落ちがないか、論理関係に間違いがないか。 ルーブリック：ジグソー班 ・情報報告
【クロストーク】 資料①〜④を比較検討し、課題（どの案が一番良いか）について話し合う。 ・話し合いでは日本語を使ってよい。 ・次の発表では英語でできるようにする。	【クロストークの支援】 1. 再度、モラルジレンマ（人命救助と絶滅危惧種保護）を説明する 2. 4 つの立場を再確認する。 3. 話し合いを進めるコツをポスターを用い説明する。 4. 活動が停滞しているようなら、ポスターを利用して支援する。	沈黙が長く続かないか、思考の言語化ができているか。 ルーブリック：ジグソー班 ・話し合い
【レポーティングのリハーサル】 1. 設定時間を有効に活用する。 2. 相手を意識して話す。 3. 届く声を出す。 Useful sentences to report in your group を活用する。 聞き手 1. 健闘を称える。 2. 適切なアドバイスをする。	【リハーサルの支援】 S ＋ V の揃った英文で語れるかを 75 秒でリハーサルさせる。 1. 計時する。 2. 始めと終わりを知らせる。 3. レポーティングと聞き手の役割を変えさせる。	75 秒を有効利用しているか。アドバイスができているか。
【エキスパート班でシェアリング】 1. エキスパート班に集合 2. ジグソー班での結論を紹介し合う。 3. 発表が終われば健闘を称えて拍手する。	【シェアリングの支援】 1. 誰から始めるかや順番をどうするかを生徒で決めさせる。 2. 筋道を立てて、わかりやすく発表するための工夫を促す。	重要情報の抜け落ちがないか、論理関係に間違いがないか。 ルーブリック：ジグソー班 ・Final Presentation
【宿題：ライティング】 1. ライティング用紙を確認する。 2. ジグソー班での結論を整理する。 3. 最終のエキスパート班での発表を整理する。 4. 「結論→例→理由」の順を明確にする表現を理解する。Sample Frame を利用できるようにする。	【ライティングの指導】 1. 宿題として、各ジグソー班での結論をライティングとして提出することを指示する。 2. Sample Frame の構造を説明する。 3. また「定期考査にも同じ課題で出題する」ことを宣言する。 4. 宿題に関する質問を受ける。	重要情報の抜け落ちがないか。 論理関係に間違いがないか。

レポーターとリスナーのやり取り リスナーのメモ 時間管理 ルーブリック： ジグソー班	開始前にポイントを説明する。 レポーター 1. キーワードでRead and Look-up で話す。 2. 聞き手がメモできているか見る。 3. 大事なところはところどころ繰り返す。 リスナー 1. キーワードをメモをする。 2. 聞き取れない箇所は繰り返しを求める。 　 What did you say?　　　Could you say that again?	レポーティング本番 18分

観察の視点	学習指導案作成上の留意点と指導のコツ	時間
生徒の反応を捉える。 メモの埋まり具合を目視する。	【モデル提示】 大きな誤読をしている場合があるので教員のモデルレポーティングを聞かせる。 メモサンプルを紹介する。 意味、内容が伝わる話し方のモデルを提供する。	前時のレポーティングのチェック 8分
進捗状況を観察する。	【実践力】 策決定までの話し合いの要領を説明する。 1. 初めから完璧はない。 2. 誰かの一言、二言から言語化を始める。 3. わかりかけていることをまわりから援助する。	クロストーク 23分
進捗状況を観察する。	【時間管理】 教員が事前に発表にかかる時間を計っておく。今回は30秒。生徒にはその2.5倍くらいの75秒を設定する。 【実践力】 再度、ポスターで心構えを説明する。 【思考力】 Position、tool、what to do、philosophy を意識して筋道を立てて話すように導く。	リハーサル 8分
話し手の目線 聞き手の相槌	【思考力】 わかりやすい説明には「結論（誰の立場）→使う道具→行動→哲学」を意識して話す。この流れに沿って展開できると落ち着いて話せる。結論を最初に述べることが重要である。その後の順は変えてもよい。もらさずに筋道を立てて話すことの重要性を説明する。単文の文法を超えた段落レベルの高次思考を鍛える。 他のグループと同じ策でも理由付けを工夫する。	シェアリング 8分
生徒の反応を捉える。	【思考力】 綴りや文法などよりも、筋道を立てた論理性を重視する。 そのために、ライティング用紙のサンプル・フレームを利用させる。 「結論→具体例としての道具→理由としての哲学」を筋道を立てて説明している。	宿題 2分 挨拶 1分

8. 振り返りから見る学習者の弱点

2016 年 1 学期の本実践の前に、生徒は以下のジグソーを体験していました。

	話　　題	エキスパート	ジグソー
4 月	e メールで用いられる英語略語	解読の 4 つのルール	略語の入ったメールを解読する
5 月	バイオディーゼルエンジン車での世界旅行	旅行先とそこでの出来事	旅行先を順番に並べる

ジグソー班でのクロストークは単純なものでします。早期にはクロストークがなく、ただ部分を集めるだけのジグソーを体験させておくとよいでしょう。そして、徐々に高度なものに挑戦させます。

年間に 3 回程度以上のジグソー活動を、改善を重ねながら行うようになってから 6 年がたちました。特に、クロストークを単純なものから高度なものにすることに成功のコツがあることを実感しています。ジグソー法への生徒の様々な取り組みを観察したことと生徒の振り返りから、次のような弱点が浮き彫りになっています。

まず、読み取りに自信が乏しく、ほぼ何も書かない生徒も散見されます。また、次ページ①の生徒に見られるように主語→動詞にまだ自信がないものも少なからずいます。また、②、③の生徒のように、教員が思う以上に生徒にとっては、重要点と細部情報の区別が難しく、大事な情報の抜け落ちに問題点があります。「単語→文」の積み上げ型学習に慣れ親しんではいますが、俯瞰的に英文を扱う機会が少ないことが一因でしょう。すべての点が等しく重要であると考えてしまい、情報集めの際にキーワードの選択に戸惑うことが多いです。また、④のように、せっかくキーセンテンスを見つけても、その文のすべてを書こうとします。⑤、⑥の生徒は、先生のモデルと比べての振り返りを行っています。話の流れを意識してレポーティングする重要性に気づいています。

これ以外でも、レポーティングの際の聞き取りでも、話し手が話した通りにディクテーションしようとする悪癖も気がかりです。書いたものであれ、リスニング素材であれ、全体で何を伝えようとしているかを捉えようとする意識を

持ち、細部にも注意を払える訓練をする必要があります。そのため、日頃から機会を見つけ、やさしめの英文をリスニングで与え、キーワードをメモする練習が効果的でしょう。また、内容にタイトルを付けて、冒頭にタイトルを言う習慣を身に付けるように指導すると効果的です。

　あらかじめ原稿を用意して音読をすることは体験済みでしょうが、即興的に内容を伝えるためのスピーキング体験が乏しいです。書き上げた文がないと不安であるという生徒が少なからずいます。話すことに精いっぱいで、聞き手のメモの進捗状況を確認しながら話を進めることが難しい生徒もいます。音読活動で、Read and Look-up を取り入れておくと、このような生徒は減少します。日頃から Read and Look-up を取り入れて、その際、この技術がプレゼンテーションの際に役に立つことを説明するようにしておきます。

ジグソー法の振り返り　レポーティング
先生のモデルレポートの比較

① Points that you need to improve、主語、動詞をめいかくにする。ちゃんと文につたえること。一番大切なことを伝えるときは、何度も言ってみたりする。話の流れを分かりやすく発表する。

② Points that you need to improve　重要なポイントが抜けていたので、文の理解を深める。あまり、グラフ・イラストから情報を出すことができていなかった。

③ Points that you need to improve　単語どうしをつなげて一つの文にして相手に分かりやすいように伝えること。内容の濃さ。ぬきだす単語の量。

④ Points that you need to improve　・私は文をそのまま同じようにしか言えなかった。けれど、先生は全体を通してまとめていて、メモも見やすかった。・話し方も強弱をつけれなかった

⑤ Points that you need to improve　。先生の文は、きちんと大のはいすりかんでまとまって聞きやすかったのと、1番初めに、一番大切なことを伝えていた。(タイトル)←これに気をつける。

⑥ Points that you need to improve　タイトルもちゃんと言うこと。話しの流れがよく伝わるようにする。具体的にその話しをまとめることが大事。

9. ジグソー法の由来とこれからの方向性

ジグソー法はアメリカで生まれました。その背景としては、人種統合政策によって引き起こされた学校現場の問題があります（友野、2016）。1950 年代以降に活発化した公民権運動の成果として、1964 年に公民権法が合衆国連邦議会で成立しました。しかし、テキサス州では人種分離が根強く残っていました。ようやくテキサス州の学校で 1971 年から人種統合政策が始まりました。人種分離のため黒人の子どもたちが劣等感を持ち、発達にも遅れがみられることが、人種分離廃止によって解消されると期待されました。しかし、皮肉なことに、白人とマイノリティーが学びを共にすることが、学力格差や人種的な歪みを大きくしました。そこで、アロンソンは、マイノリティーの子どもこそ、他者に情報の送り手として能力を発揮して、自尊心を高める必要があると考えました。アロンソンが行った最初の実践からのエピソード（Aronson & Patnoe、2011）を紹介します。

生徒Kが教室で孤立していました。Kにとっては英語は第 2 言語で流暢ではありませんでした。そのためいじめられていました。この状況を教師は知っていて、あえて授業では指名しないようにしていました。そこにアロンソンはジグソー法を持ち込みました。生徒たちはKの貢献がないとジグソーが成り立たないことを実感していきます。徐々に活動の中で、Kを無視することがなくなり、彼から発言を引き出すようになっていきました。Kも、このような変化に反応し始めます。クラスの生徒たちは、Kを好きになっていきます。お互いが心を開き、尊敬し合える関係になりました。Kはハーバード・ロースクールに進学後、アロンソンに感謝の手紙を書いています。

このように、ジグソー法は何よりも良好な人間関係を構築するために考案されました。結果として学力もつきました。

このジグソー法の由来から、本節では、ルーブリックに「協力」と「話し合い」の項目を設けました。学力を競争の場のバロメーターとして定義することが多かった日本の英語教育が、今ジグソー法によって、変わるチャンスが訪れています。教員もジグソーに工夫を加え学びを忘れず、子ども同士は教え学び合い、ともに主体的な学習者として育つことが 21 世紀にふさわしいでしょ

う。

　日本では、ジグソー法は日本語を用いた内容科目で使いやすく、東京大学大学発教育支援コンソーシアムCoREFが「知識構成型ジグソー法」として多くの事例を英語科以外の教科科目で紹介しています。外国語としての英語科では英語自体が学習内容となっていることが利用を阻み、実践が多いとは言えません。本節では、班を移動してレポーティングする前に、リハーサルを行うことを提案しました。これによって、レポーティングで孤立し、うまくいかないということを阻止することができます。ぜひ、多くの英語の授業でジグソー法が広まることを期待したいです。そして、3層構造の21世紀型スキルを英語授業で育成していきたいです。

V

『総学』・『探究』的な
「主体的・対話的で深い学び」の英語授業

英語指導における「主体的・対話的で深い学び」と探究のつながり

　ここでは、英語指導における「主体的・対話的で深い学び」が、主に高等学校学習指導要領の「総合的な探究の時間」（以下、探究）とどのようにつながるのかを考えてみます。

　まず、用語の確認をしましょう。「主体的な学び」とは、学ぶことに興味関心を持ち、自己進路の方向性と関連付けながら、見通しをもって粘り強く取り組み、自己の学習を振り返り、次へつなげる学びです。「対話的な学び」とは、生徒同士の協働や教員や地域の方との対話などを手掛かりに考えること等を通して、自己の考えを広げて深める学びです。「深い学び」とは、習得・活用・探究という学びの過程の中で、各教科等の特質に応じた見方や考え方を働かせながら、知識を相互に関連付けてより深く理解したり、情報を精査して考えを形成したり、問題を見いだして解決策を考えたり、思いや考えをもとに創造したりすることに向かう学びです。

　また、中学校学習指導要領の「総合的な学習の時間」では、「探究的な見方・考え方を働かせ，横断的・総合的な学習を行うことを通して，よりよく課題を解決し，自己の生き方を考えていくための資質・能力を育成することを目指す」ことを目標としています。その延長線上にある高等学校学習指導要領の「探究」では、「探究の見方・考え方を働かせ，横断的・総合的な学習を行うことを通して，自己の在り方生き方を考えながら，よりよく課題を発見し解決していくための資質・能力を育成することを目指す」ことを目標としています。

　では、各教科において、何をすればよいのでしょうか。例えば、英語指導ではどのように実践していくのでしょうか。

　英語科（外国語・英語）においては、主体的・対話的で深い学びの視点に立った授業を行うことで、学校全体における質の高い学びを実現し、学習内容を深く理解して、資質・能力を身に付けさせることが必要で、生涯にわたり能動的に学び続ける生徒の育成が期待されます。

　次に、大阪府立箕面高等学校での実践を紹介しながら、英語指導を中心とした教科と探究の時間とのつながりを考えます。箕面高校では、教頭・首席・各学年の「総合的な探究の時間」を主に担当する計５名のプロジェクトチームを立ち上げ、そこで探究の時間骨子を作成しました。その骨子をもとに、各学年で生徒の実態に応じた内容を立案しています。

　その探究におけるキーワードは、課題発見、情報収集・整理・分析、まとめ・表現です。加えて、生徒が自分の興味・関心に合わせたテーマを見つけ深めていくことがポイントです。次は、その生徒が取り組んだテーマの一部です。いずれも非常に個性的で魅力的なテーマです。

　　「コンビニ革命」

　　「理不尽な要求に負担を強いられる人の心を救う」

　　「ストレスをかけてくる人をやりすごす方法」

　　「労働のグローバル化～グローバル科生徒が考える～」

　生徒が探究したいと思うテーマに取り組むことで、自己と他者、自己と社会がつながり、主体的な活動になります。具体的には、オリジナルのアンケートの作成と統計学的な分析、近隣にある大型ショッピングセンターでのインタビュー、これらの活動をしながら知識を深め、考えていく力を獲得します。この学びがきっかけとなり、生徒自身が本当に興味のあることを見いだし、自らの進路や大学での学び、将来の仕事へ結びついていくことにもつながります。

　また、毎週１時間を探究の授業時間として、４月は個人と他者の関係性、他者との関わり方、議論の仕方、５月、６月は問いを決めて、情報収集、情報の取捨選択などのように、探究の時間の年間指導計画を立案しています。課題発見、情報収集・整理・分析、まとめ・表現というプロセスを大切に、年間指導計画を教育課程の中心軸に定め、各教科内容を精選します。４月に英語科は何の単元を学習予定なのか、理科はどんな内容を学習するのかを、全教科が簡潔にポストイットに書き、模造紙に貼り付けます。こうして単元配列表が出来上がります。

　たとえば、２年生コミュニケーション英語Ⅱの単元では、病気や医療に関するテーマを扱って、その単元の導入として、ウイルスやワクチン、感染防止対

策などを取り上げます。感染防止対策である手洗いがなぜ効果的なのか、どのような過程を経てウイルスを分解して洗い流すのかを、英語で考えてまとめます。このテーマは、理系・文系の枠を超えます。同時に理科でも、細菌や化学反応などのテーマを扱うように調整します。こうすることで、教科横断型の学びが実現して、生徒は多くの教科での学びはつながっていることを認識できます。さらに、すべての教科において、探究の時間におけるキーワードである課題発見、情報収集・整理・分析、まとめ・表現に取り組むことができます。現在使用している英語の検定教科書等のテーマは、まさにリベラルアーツです。本校での学びを通じて、複眼的観点で論理的に物事を捉えて、新しいことを創造できる生徒が本校には多く在籍しています。

　各教科と探究の学習において、もう1つ大切にしていることがあります。それは、振り返りです。社会では、失敗の連続で、成功体験よりも失敗のほうが多いかもしれません。しかし失敗するからこそ、そこから学びを得たり、その経験をもとに成長することも大いにあります。振り返りでは、自分で再考したり、先生から助言をもらったりすることに加えて、級友の発表を聞いたり、意見交換することを通じての気づきも大切にしています。失敗を恐れずに課題に取り組み、立ち止まって再度考え、周囲の声を聴き、修正したりやり直すことを粘り強く続けていくことが、生徒の社会を生き抜く大きな力につながっていくと確信しています。

引用文献

藤原和美（1998）.「発信型英語教育の試み―ライティング指導を通して―」関西英語教育学会紀要第 21 号

唐澤博・米田謙三（2014）.『英語デジタル教材作成・活用ガイド PowerPoint と Keynote を使って』大修館書店

国立教育政策研究所（2012）.『平成 24（2012）年度 プロジェクト研究調査研究報告書年度報告書』「社会の変化に対応する資質や能力を育成する教育課程編成の基本原理」（改訂版）

文部科学省（2018）.『中学校学習指導要領（平成 29 年告示）解説外国語編』開隆堂

文部科学省（2019）.『高等学校学習指導要領（平成 30 年告示）解説外国語編 英語編』開隆堂

野呂忠司（2012）.「基礎知識（1）リード・アンド・ルックアップによる表現の記憶」、鈴木寿一・門田修平編著『英語音読指導ハンドブック』大修館書店

齋藤榮二（1996）.『これだけは知っておきたい英語授業レベルアップの基礎』大修館書店

齋藤榮二（2003）.『基礎学力をつける英語の授業』三省堂

齋藤榮二（2008）.『自己表現力をつける英語の授業：How to Let Students Express Their Ideas』三省堂

齋藤榮二（2011）.『生徒の間違いを減らす英語指導法：インテイク・リーディングのすすめ』三省堂

東京大学大学発教育支援コンソーシアム CoREF.『知識構成型ジグソー法』https://coref.u-tokyo.ac.jp/archives/5515

友野清文（2016）.『ジグソー法を考える　協同・共感・責任への学び』丸善プラネット

Aronson, E., and Patnoe, S. (1997). *Jigsaw classroom. Longman.*

Aronson, E., and Patnoe, S. (2011). *Cooperation in the Classroom: The Jigsaw Method*（昭和女子大学教育研究会（訳）（2016）.『ジグソー法ってなに？―みんなが協同する授業』丸善プラネット

Nation, I.S.P. (2013). *What Should Every EFL Teacher Know?* Compass Publishing

Wiggins, A. (2017). *The Best Class You Never Taught: How Spider Web Discussion Can Turn Students into Learning Leaders* Association for Supervision & Curriculum（吉田新一郎（訳）（2018）.『最高の授業：スパイダー討論が教室を変える』新評論）

執筆担当

編者・著者紹介

藤原和美　著者

大阪府立佐野高等学校教頭　大阪府教育庁指導主事を経て現職。第 17 回英検研究助成 2005 年『高等学校英語Ⅰ・Ⅱの授業の大半を英語で行うための工夫とその授業の効果』共同研究。論文発表及び学会で口頭発表など。第 54 回全国英語教育研究大会高等学校の部授業者。

溝畑保之　著者

常翔学園中学校高等学校教諭　大阪府立高等学校で教鞭をとり、指導教諭を経験し現職。2011 年度大阪府優秀教職員等表彰。四技能統合型授業実践で「英検」研究助成（第 8 回 1996 年、第 17 回 2005 年）入選。文部科学省検定教科書協同執筆。『英語指導ハンドブック』－ 5 シリーズ（大修館書店）を分担執筆。論文発表及び学会、研修会で口頭発表多数。

森田琢也　著者

大阪府立箕面高等学校首席、学年主任。支援教育における英語授業のあり方や 4 技能統合型学習、CLIL 等を実践的に研究している。『英語科・外国語活動の理論と実践 — グローバル時代に生きる子どもたちの育成のために —』（吉田晴世、加賀田哲也、泉惠美子（編著）、2015、あいり出版）に授業実践を所載。学会、研修会等で口頭発表多数。

高橋昌由　編著者

大阪成蹊大学教育学部准教授　大阪府公立高校教諭・指導教諭・首席から津山工業高等専門学校教授を経て現職に。テンプル大学修了後の関西大学博士課程後期課程で齋藤榮二先生から薫陶を受ける。その後その教えを大切に、現在は教員養成に奮闘している。ジーニアス和英辞典、英語表現検定教科書 *Vision Quest* 等執筆。講演、論文多数。

米田謙三　著者

関西学院千里国際中等部・高等部教諭（英語、情報、地歴公民、総合探究）専門分野は ICT、協働学習など。日本アクティブ・ラーニング学会会長、経済産業省や総務省等の委員も務める。『英語デジタル教材作成・活用ガイド』（大修館書店）、『高校生向け CNN Workbook』（朝日出版社）、『すぐできる教育活用ブログ入門』（明治図書）など著作多数。講演も多数。

■編著者紹介

高橋　昌由（たかはし・まさゆき）

最終学歴：関西大学大学院外国語教育学研究科博士課程後期課程外
　　　　　国語教育学専攻単位取得満期退学

現職：大阪成蹊大学教育学部准教授

学位：アメリカペンシルバニア州立テンプル大学大学院教育学研究
　　　科修士課程英語教授法専攻修了、教育学修士

研究分野：英語教授法、TESOL、

主著
『英語授業実践学の展開 ― 齋藤栄二先生御退職記念論文集』（2007、
　　三省堂）
『ジーニアス和英辞典（第3版）』（2011、大修館書店）
Effectiveness of the10-Principles Homework- Assignment System in
　　Terms of Scholastic Attainment in Japanese High School English
　　Education *Educational Technology Research*, 33, 1-2, pp.23-32.

英語×「主体的・対話的で深い学び」
― 中学校・高校 新学習指導要領対応 ―

2021年2月10日　初版第1刷発行

■編 著 者──高橋昌由
■発 行 者──佐藤　守
■発 行 所──株式会社　大学教育出版
　　　　　　〒700-0953　岡山市南区西市855-4
　　　　　　電話（086）244-1268㈹　FAX（086）246-0294
■印刷製本──モリモト印刷㈱
■Ｄ Ｔ Ｐ──林　雅子

ISBN978-4-86692-114-3